첫아이가
초등학교에
갑니다

첫아이가 초등학교에 갑니다

한 권으로 끝내는
슬기로운 초등 생활

전예름
권정아
최선미
김예람

로그인

서문

첫아이를 초등학교에 보내는 부모님들께

　임신, 출산, 육아의 과정을 거치면서 부모들은 엄마로, 아빠로 다시 태어나게 됩니다. 그중에서도 첫아이가 주는 감동은 말로 할 수 없는 축복이지요. 아이가 성장하고 하나의 인격체로 크는 과정을 지켜보는 것은 크나큰 행복입니다. 하지만 아이를 키우는 것은 매 순간 선택을 해야 한다는 의미이며, 이 과정에서 우리는 수많은 시행착오를 겪습니다. 그리고 아이의 초등학교 입학을 앞두고는 높은 산을 만난 것 같은 기분을 느끼지요.

　초등학교에 입학하기 전 아이에게 어떤 준비가 필요할지, 부모로서 무엇을 해야 할지 막막할 것입니다. 입학 후에도 걱정은 마찬가지입니다. 우리 아이가 학교에서 어떻게 생활하는지, 선생님이나 친구와의 관계는 원만한지 매일이 궁금한 것투성이입니다. "요즘 학교는 예전과는 다르다더라." "옆집 누구네 아이는 유치원 때 이미 한글을 뗐다더라." "앞집 누구는 수학을 그렇게 잘한다더라." 이른바 '카더라' 통신에 휩쓸려 워킹맘이 직장을 그만두는 시기도 아이가 초등 1학년 때라는 두려운 말도 들려옵니다.

저희는 8년에서 22년까지 다양한 경력을 가진 현직 초등학교 교사들입니다. 오랜 경력만큼 현장에서 많은 아이들과 부모님들을 만났습니다. 아이가 1학년이면 부모도 1학년이라는 말이 있습니다. 초등학교가 처음인 자녀와 마찬가지로 부모가 되면 초등학교라는 공간이 설레면서도 낯선 공간이 되기 때문입니다. 이 책은 아이의 초등학교 입학을 앞두고 두려움 반 설렘 반으로 고민하고 계실 부모님들의 걱정을 덜어드리기 위해 만들어졌습니다.

책은 크게 두 개의 파트로 구성했습니다. 첫 번째 파트에서는 취학통지서를 받는 것을 시작으로 아이들의 학교생활 전반에 관련된 내용을 담았습니다. 공식적인 학교생활의 시작은 입학식이지만 그 전에 해야 할 일이 많은 게 초등 입학입니다. 방과후학교나 돌봄교실처럼 들어는 봤지만 무엇인지 정확히 모르는 신청 정보에서부터 입학 전 한글을 어느 정도 익혀 가야 하는지, 학교 설명회나 학부모 총회, 공개 수업 등 각종 행사에는 어디까지 참석해야 하는지 등 궁금한 것이 많을 것입니다. 입학과 동시에 날아오는 수많은 가정통신문에는 어떻게 대응해야 하는지, 담임선생님과의 소통은 어떻게 해야 하는지도 궁금하실 겁니다. 여기에 상담까지 하다 보면 아이가 1학년인지 부모님이 1학년

인지 헷갈릴 정도입니다. 첫 파트에서는 이런 기본적인 부분들을 중심으로 우리 아이가 1년 동안 생활할 교실 모습, 교과 내용 등을 소개합니다.

두 번째 파트에는 봄, 여름, 가을, 겨울 계절 변화에 따른 우리 아이들의 생활 모습이 담겨 있습니다. 모든 것이 처음이라 설렘과 두려움이 공존하는 봄, 첫 평가와 여름 방학이 있는 여름, 행사로 가득한 가을, 1년을 돌아보고 부족한 학습을 보완하는 겨울까지 아이의 1년을 머릿속으로 그려볼 수 있도록 상세히 구성했습니다. 그렇다 보니 앞에서 나온 내용이 뒤에서 다시 한 번 반복되기도 합니다. 앞에서 놓친 부분을 시기에 맞게 복습하며 놓치지 않으시길 바라는 마음에서 이렇게 구성하였습니다.

그 전에 가장 먼저 '예비 1학년이 묻고, 현직 1·2학년이 알려준다'를 통해 예비 1학년과 현직 1학년 아이들의 Q&A 장을 마련했습니다. 예비 초등학생의 질문에 초등학교 1·2학년 선배들의 답을 넣어서 부모님들이 아이의 관점에서 초등학교 입학에 대해 생각해 보게 하기 위함입니다. 이를 통해 아이들은 물론 부모님들께서도 궁금하셨을 부분에 대한 답을 얻으시기 바랍니다.

부록도 알차게 구성했습니다. 그중에서도 특히 눈여겨보셔야 할 부분은 '선배 맘이 알려준다! 학교와 유치원의 다른 점 BEST 10'입니다. 선배 맘이 먼저 겪어보고 알려주는 정보인 만큼 실질적인 도움을 받을 수 있습니다. '우리 아이, 얼마나 할 수 있나요?'도 놓치지 마십시오. 초등학생이 되면 스스로 해야 할 일이 늘어나는 만큼 이를 통해 우리가 아이가 할 수 있는 것과 할 수 없는 것에 대한 점검이 필요합니다. '학교생활 적응을 위한 입학 전 체크리스트'를 함께 첨부했으니 우리 아이가 할 수 있는 것과 할 수 없는 것을 체크하여 할 수 있는 것은 더 잘할 수 있게 해주시고, 부족한 부분은 연습하는 시간을 갖는 것이 좋습니다. 이와 함께 워킹맘을 위한 팁, 시류를 반영하여 코로나19 관련 내용도 빼놓지 않았으니 꼭 읽어 주십시오.

아이의 초등학교 입학, 이제 걱정하지 마십시오. 이 책과 함께라면 초등학교 입학 준비는 물론 아이의 첫 1년을 즐겁고 행복한 기억으로 만들 수 있습니다. 저희 네 명이 교직 활동을 하며 얻은 노하우를 한데 모아 엮은 이 책이 예비 학부모님들의 걱정을 덜어주는 데 도움이 되기를 바랍니다.

2020년 겨울
아름다운 마무리와 새로운 시작을 응원하며
전예튼 · 권정아 · 최선미 · 김예람

차례

서문　첫아이를 초등학교에 보내는 부모님들께 04
들어가기 전에　예비 1학년이 묻고 현직 1·2학년이 답한다 18

Part 1
1장　우리 아이가 학교에 갑니다 : 학교 시스템 이해하기

취학통지서가 나왔어요 27
설립 유형에 따라 이렇게 달라요 27 ｜ 우리 아이를 이 학교에 보내려고 합니다 30

두근두근, 신입생 예비 소집일 33
취학통지서를 꼭 지참하세요 33 ｜ 가급적 아이와 함께 가세요 34 ｜ 취학통지서 제출, 이렇게 합니다 35

입학식 이모저모 37

입학식 전 아이에게 알려주세요 37 | 입학식, 이렇게 진행됩니다 38

놓치지 말아야 할 각종 신청 정보 39

돌봄교실, 방과후학교, 교육급여… 이게 다 무엇인가요? 39 | 학교에서 오는 서류 이해하기 41

방과후학교 자세히 들여다보기 44

방과후학교가 무엇인가요? 44 | 아이가 원하는 수업을 듣는 것이 좋아요 45 | 영어 수업도 들을 수 있다고요? 46

학교에서 직접 전달받는 정보 48

학교 설명회, 학교 경영을 안내받는 날 48 | 학부모 총회, 학급 경영을 안내받는 날 49 | 학사력 확인하기 50 | 주간 학습 안내문 확인하기 50 | 가정통신문 & 알림장 확인하기 52

부모님도 준비가 필요합니다 55

온라인 시스템(알림장, 학교 홈페이지) 활용하기 55 | 나이스NEIS 학부모 서비스 57

Q&A 입학 전, 이것이 궁금해요 58

학적 관련 용어가 어려워요. 58 | 빠른 연생이에요. 조기 입학이 가능한가요? 59 | 출석, 결석, 지각… 선생님께 연락하고 싶어요. 60 | 교외 체험 학습, 어떻게 하면 되나요? 61

2장   학교생활, 무엇이 중요할까요? : 기본 생활습관 & 마음 다지기

즐거운 마음이 만드는 즐거운 학교생활 65
학교에 대한 긍정적인 말을 많이 해주세요 65 ㅣ 매일 조금씩 적응해 가고 있으니 기다려 주세요 66 ㅣ 아침 식사는 하루를 시작하는 영양제입니다 67

마음과 감정 표현하기 69
내 몸 상태를 정확하게 얘기해요 69 ㅣ 내 감정을 정확하게 말해요 70

편안한 학교생활을 만들어주는 좋은 습관 75
선생님과 친구들에게 인사하기 75 ㅣ 수업 시작 10분 전 교실에 도착하기 76 ㅣ 수업 시간 동안 의자에 앉고 교실과 학교 밖으로 나가지 않기 78 ㅣ 숙제하기, 준비물 챙기기, 가정통신문 회신하기 79

학교생활의 꽃, 급식 80
급식, 학교생활이 기대되는 이유 80 ㅣ 알레르기 음식, 미리 알려주세요 82 ㅣ 식습관 개선, 가정과 학교가 함께 노력해요 82 ㅣ 점심 시간을 지키는 것도 약속이에요 83

올바른 화장실 사용설명서 85
쉬는 시간엔 꼭 화장실에 가요 85 ㅣ 똥, 똥, 똥… 이렇게 재미있는 '똥'이라니 86 ㅣ 스스로 뒤처리하는 습관을 들여요 87

혼자 할 수 있으면 자신감이 쑥쑥 89
소근육 훈련 89 ㅣ 대근육 훈련 90

교실이라는 작은 사회 92

초등 입학은 사회생활의 시작입니다 92 | 우리 아이 모습이 낯설어요 93 | 우리 아이는 어떤 성향일까? 94

Q&A 학교생활, 이것이 궁금해요 95

생일 파티를 준비해야 하나요? 95 | 임원 선거는 어떻게 실시되나요? 95 | 휴대전화를 사달라고 하는 아이, 사줘야 할까요? 96 | 우리 아이가 친구 이름을 외우지 못해요. 96

3장 입학 전, 무엇을 공부하면 좋을까? : 학습 준비하기

우리 아이, 무엇을 배우나요? 99

입학 초기 적응 활동 99 | 국어 101 | 수학 102 | 통합 교과 103 | 안전한 생활 104

학습의 기초, 독서 습관 잡기 106

학습의 기초, 독서 106 | 읽기 독립 107 | 낭독 107 | 독후 활동 108

입학 전에 해두면 좋은 공부 ① 한글 113

한글을 익혀두면 좋은 점 113 | 엄마와 아이의 신나는 콜라보, 엄마표 놀이 114 | 한글과 친해지는 보드게임 116

입학 전에 해두면 좋은 공부 ② 국어 118
국어 교과서 구성 살펴보기 118 | 그림일기 지도하기 120 | 받아쓰기 & 독서록 지도하기 122

입학 전에 해두면 좋은 공부 ③ 수학 125
수학 교과서 구성 살펴보기 125 | 수 발달 및 연산 127 | 시계 보기 129 | 서술형 수학 문제 해결하기 130 | 엄마표 놀이 & 보드게임 131

입학 전에 해두면 좋은 영역별 공부 ④ 예체능 132
예체능 사교육이 고민이라면 132 | 음악 133 | 체육 133 | 미술 134 | 영어 135

4장 선생님, 우리 아이는요 : 하나의 교실, 30명의 아이

우리 아이 성향 이해하기 137
한 교실에 성격이 같은 아이는 단 한 명도 없습니다 137 | 학교생활 적응에 영향을 미치는 요소 139

교실 속 다양한 아이들 유형 146
우리 아이는 어떤 유형일까? 146

성별에 따른 친구 관계 모습 149
교우 관계, 무엇이 중요할까? 149 | 남자 아이의 교우 관계 150 | 여자 아이의 교우 관계 150

이런 아이라 고민이에요 152
지나치게 활동적이라 혼날까봐 걱정이에요 152 | 체구가 작아서 친구를 사귀는 게 어려울까봐 걱정이에요 153 | 저희 아이는 지나치게 예민해요 154 | 친구에게 지나치게 집착해요, 괜찮을까요? 155 | 저희 아이는 너무 순하고 소심해요 157

틀린 게 아니라 다른 거예요 158
하나를 알고도 열을 안다 말하는 아이 vs. 열을 알고도 하나도 모른다 말하는 아이 158 | 혼자서도 잘해요! 독립적인 아이 vs. 선생님 도와주세요! 의존적인 아이 160 | 지고 나면 분해서 눈물을 글썽거리는 아이 vs. 져도 괜찮아, 승부에 지나치게 쿨한 아이 161 | 모르는 내용에 소극적인 아이 vs. 아는 내용을 지겨워하는 아이 163 | 하나부터 열까지 모든 이야기를 다 하는 아이 vs. 무엇을 했는지 모른다고 하는 아이 165

나는 어떤 유형의 부모일까? 168
불안한 부모, 불안한 아이!? 168 | 해결형 부모, 의존적인 아이!? 170

Q&A 우리 아이, 이래도 괜찮을까요? 173
꾸준히 하는 것을 어려워해요. 173 | 그림책이나 학습만화만 보려고 해요. 173 | 열심히 하는데 노력만큼 성과가 나오지 않아요. 174 | 글로 쓰는 걸 너무 싫어해요. 175 | 연필이 아니라 샤프만 쓰려고 해요. 175

Part 2

1장 봄 : 우리들은 1학년, 학교에 갑니다

본격적인 초등 생활의 시작 179
선생님의 교육 철학을 알 수 있는 날, 학부모 총회 179 | 아이에 대해 솔직한 대화를 나눌 기회, 상담 181 | 수업하는 모습을 참관하는 날, 공개 수업 183 | 우리 아이에 대한 객관적 평가, 학생 정서·행동 특성 검사 184 | 매일매일 꼼꼼히 챙겨요, 가정통신문 184

우리 반을 소개합니다 188
교실 구석구석 둘러보기 188 | 책상 서랍, 사물함 내부 둘러보기 190

우리 아이의 첫 담임선생님은 어떤 분일까? 192
두근두근, 담임선생님과의 첫 만남 192 | 선생님에 대한 선입견이나 편견은 금물 193 | 연락, 이렇게 하면 됩니다 194 | 선생님의 속마음 196

입학 초기, 이것만 알아도 적응 끝 200
기초 생활습관 숙지하기 200 | 기초 학습습관 익히기 204 | 안전교육 생활화하기 208

봄의 행사 209
과학의 달 행사 209 | 다독상 & 도서관 행사 210 | 현장 체험 학습 211 | 어린이날 기념 행사(체육대회) 213

반 모임, 꼭 해야 하나요? 215
반 모임의 장단점, 선택은 각자의 몫 215 | 반 모임에 나가지 않으면 친구를 사귀지 못하나요? 216

2장 여름 : 첫 시험, 그리고 첫 방학을 맞이해요

시험을 본다고요? 219
시험은 어떻게 보나요? 219 | 평가는 어떻게 이루어지나요? 220

학기 중 상담 224
비정기 상담, 아이에 대한 좀 더 구체적인 얘기를 들을 수 있어요 224 | 대면, 전화, 서면… 편한 방법을 이용하세요 225 | 유치원 상담과 초등학교 상담, 무엇이 다른가요? 226

생활통지표, 그 속에 숨은 행간 읽기 227
출결 227 | 창의적 체험활동 228 | 행동 특성 및 종합 의견 228

첫 방학, 어떻게 보내면 좋을까요? 231
방학의 의미 되새기기 231 | 건강 검진으로 내 건강 상태 확인하기 232 | 복습을 통해 부족한 부분 점검하기 233 | 예습을 통해 배우고 싶은 내용 생각하기 235

3장 가을 : 우리 모두 열매를 맺어요

풍성한 행사로 즐거움이 가득 237
교육 활동의 결실을 맺는 계절 237 | 2학기 현장 체험 학습, 운동회, 학예회… 교육 활동 전성기 238

학교생활 전반을 점검하는 시기 240
학습 태도와 생활습관을 점검해요 240 | 친구들과의 관계가 원만한지 점검해요 241 | 아이와 부모, 서로를 존중해요 242

부모님의 역할이 중요해요 244
아이의 든든한 파트너이자 조력자가 되어 주세요 244 | 놀이를 통해 자연스럽게 배우게 해주세요 246

4장 겨울 : 매일 조금씩 더 성장합니다

우리 아이의 일 년 돌아보기 249
1학기 통지표와 2학기 통지표, 무엇이 다른가요? 249 | 학기 말 종합 의견에 숨은 의미 읽는 법 253

분반, 이것이 궁금해요 255
분반은 어떻게 되나요? 255 | 친한 친구와 일부러 떨어트려 놓는다? 256 | 담임 선생님, 언제 알 수 있나요? 257

겨울 방학, 어떻게 보내면 좋을까요? 259
공부 습관 잡아주기 259 | 읽기 능력 확인하기 262 | 연산 능력 확인하기 267 | 아이 주도 체험 학습 떠나기 268

부록 이것만은 알아두세요!

선배 맘이 알려준다! 학교와 유치원의 다른 점 BEST 10 272

우리 아이, 얼마나 할 수 있나요? 276
학교생활 적응을 위한 입학 전 체크리스트 276 | 생활 습관, 위생 관념, 식사 습관 점검하기 278 | 소근육 발달 & 학습 습관 들이기 279

워킹맘을 위한 꿀팁 281
휴직이나 퇴사를 하지 않아도 되는 이유 281 | 연차 휴가를 쓰면 좋을 학교 행사 282 | 바쁘더라도 집에서 이것만은 꼭! 283 | 휴대전화 독일까, 득일까? 285

슬기로운 전학의 기술 286
전학 절차는 어떻게 되나요? 286 | 전학 시기, 언제가 좋을까요? 287 | 학기 중에 전학을 가야 한다면? 288 | 교과서는 다 버려도 도 나요? 289 | 전학 가는 학교를 모르게 할 수 있나요? 289

코로나19, 이것만은 알아두세요 290
온라인 수업 바로알기 290 | 출결 관리는 어떻게 이뤄지나 292 | 등교 수업, 그리고 건강상태 자가진단 293 | 온라인으로 놓치기 쉬운 우리 아이 학습 챙기기 294

들어가기 전에

예비 1학년이 묻고, 현직 1·2학년이 답한다

Q. 유치원이 좋아? 학교가 좋아? (차민수, 7세)

A. 유치원도 좋았지만 학교도 좋아. 교실이 큰데 친구들이 유치원에서처럼 바닥에 앉지 않고 의자에 앉아. 칠판이 엄청 커서 뭔가를 쓰고 싶어. 그리고 학교는 방학도 길어. 공부는 1학년 때는 쉬워. 그런데 유치원보다 놀이 시간이 짧은 건 아쉬워. (이채아, 9세)

Q. 쉬는 시간이 있는지 궁금해. 있으면 몇 분인지, 쉬는 시간엔 무엇을 하는지, 무얼 가지고 노는지도 궁금해. (김사랑, 7세)

A. 우리 형이 말해 줬는데 쉬는 시간은 원래 10분이었는데 코로나19 때문에 짧아졌대. 친구들이랑 교실에서도 놀고, 운동장에서도 놀 수 있었대. 하지만

지금은 그러지 못해. 교실에 블록이랑 보드 게임도 많은데, 선생님이 코로나19 끝날 때까지 가지고 놀면 안 된다고 하셔서 통에 넣었어. 나도 빨리 친구들과 블록 가지고 놀았으면 좋겠어.(김주혁, 8세)

Q. 급식은 맛있어? 간식은 어떤 게 나와?(이아영, 7세)

A. 응! 우리 학교 급식 맛있어. 중학교 다니는 우리 언니는 급식이 맛없다고 우리 학교 급식이 그립다고 했어. 고기 반찬도 많이 나오고, 요구르트랑 주스, 과일도 나와. 처음 먹는 음식도 있어. 그리고 학교는 간식을 주지 않고, 집에서 가져와서 먹는 것도 안 돼. 원래는 매일 우유를 마시는데, 코로나19 때문에 마스크를 벗으면 안 된다고 해서 지금은 우유가 안 나와.(박혜은, 8세)

Q. 몇 반이야?(정수빈, 7세)

A. 나는 2반이야. 학교에 오면 숫자가 많아. 우리 학교는 1반부터 10반까지 있어. 반이랑 번호도 외워야 해서 처음에는 조금 헷갈렸는데 지금은 다 외웠어.(김나윤, 8세)

Q. 형이랑 같이 학교 가도 돼?(오민재, 7세)

A. 나는 1학년 때 누나랑 같이 갔어. 가끔 누나 때문에 학교에 늦게 도착하는 거 빼면 좋아. 2학년이 되고 나서는 코로나19 때문에 누나가 나랑 학교 가는 날이 달라서 같이 가지 못했어. 그리고 등교 시간도 다르거든. 누나가 나보다 일찍 가.(이태민, 9세)

Q. 학교는 언제 끝나?(유수호, 7세)

A. 4교시 하는 날이랑 5교시하는 날이랑 끝나는 시간이 달라. 4교시 하는 날은 점심 먹고 바로 집으로 가고, 5교시 하는 날은 점심 먹고 수업을 한 시간 더 한 다음에 끝나. 그래도 유치원보다 빨리 끝나서 좋아.(안주미, 8세)

※ 사회적 거리두기 단계에 따라 하교 시간이 달라집니다.

Q. 선생님은 누구야? 선생님 좋아?(박수인, 7세)

A. 반마다 선생님이 달라. 우리 선생님은 키가 크고, 옆반 선생님은 머리가 길어. 나는 우리 선생님이 좋아. 재밌는 노래도 가르쳐주고, 가끔 선물로 비타민도 주시거든. 유치원 선생님보다 친절하고 화도 안 내셔. 그런데 마스크 쓴 얼굴밖에 몰라.(이동규, 8세)

Q. 선생님이 화내시면 어떡해? 실수하면 혼날까봐 무서워.(이도민, 7세)

A. 우리 선생님은 화 잘 안 내셔. 실수해도 괜찮다고 하셔. 엄마보다 화 안 내. 근데 우리 반에 어떤 애가 자꾸 나쁜 말을 하고 마스크 벗었는데 그땐 화내셨어.(서미래, 8세)

Q. 오빠는 친구 많아? 친구가 놀리면 어떻게 해야 해?(김희원, 7세)

A. 응, 나 친구 많아. 유치원 때 친한 친구가 다른 반이어서 처음에는 친구가 없을까봐 걱정했는데 우리 반에서 공룡 박사를 만났어. 걔랑 같이 놀면 재밌어. 선생님이 누가 놀리면 선생님한테 바로 말하라고 하셔서 선생님한테 지영이가 나한테 원숭이라고 놀린다고 했더니 선생님이 지영이한테 놀리지 말라고 해주셨어. 그 다음부터 지영이가 놀리지 않아서 좋아. 선생님한테 말하면 해결해 주셔.(박호영, 8세)

Q. 무슨 공부해? 어렵지 않아? 나 아직 자신 없는데 어려우면 어떡하지?
(이준영, 7세)

A. 국어, 수학, 여름, 안전한 생활을 공부해. 아, 봄이랑 가을, 겨울도 공부한다. 그리고 하나도 안 어려우니 걱정하지 마. 그런데 받아쓰기는 미리 공부해야 해. 띄어쓰기랑 문장 부호까지 다 외워야 하거든. 수학은 실수하면 선생

님이 다시 생각하고 풀어보라고 하셔. 공부하다가 실수해도 혼나지 않으니 걱정 마. 모르는 건 선생님께 물어보면 돼.(조준현, 8세)

Q. 교실 모습이 궁금해. 가방이랑 신발은 어디에 둬?(임지효, 7세)

A. 교실은 엄청 커. 앞에 엄청 큰 네모난 칠판이 있는데, 선생님이 거기에 그림도 그리고 글씨도 쓰고 그림도 붙이셔. 칠판은 초록색이랑 흰색이 있어. 뒤에는 큰 판이 있는데 우리 사진도 붙어 있고, 친구들이랑 종이 접은 것도 있어. 사물함도 있어. 교실에 들어가면 책상이랑 의자가 있는데 내 자리에는 내 이름이 붙어 있어. 가방은 책상 옆에 고리에 걸면 되고, 신발은 신발주머니에 넣어서 복도에 있는 신발장에 넣으면 돼. 물티슈랑 휴지, 비누는 다 사물함에 넣어. 잠바는 의자에 걸거나 개서 사물함에 넣어놓은 다음 집에 올 때 입고 오면 돼.(공서연, 8세)

Q. 운동장에서 놀다가 넘어지면 어떻게 해?(이서영, 7세)

A. 다시 일어나면 되지. 나는 전에 운동장에서 넘어졌는데 하나도 안 아팠어. 그냥 일어나면 돼. 다쳤을 때 보건실 가면 보건선생님이 약 발라주셔.(윤형준, 8세)

Q. 학교 끝나고 집에 혼자 있을 수 있어? 혼자 있으면 무서울 거 같아.(김수지, 7세)

A. 초등학생 되면 하나도 안 무서워. 나는 학교 마치고 집에 가서 혼자 책 보고 숙제해. 엄마가 집에 오면 공부한 걸 매일 검사해서 해놓지 않으면 토요일에 TV를 못 보거든.(박서은, 8세)

Q. 소풍이 기대돼. 초등학교는 소풍 어디로 가?(강유진, 7세)

A. 1학년 때는 버스 타고 수목원에 갔어. 예쁜 목걸이도 만들고 양들에게 먹이도 줬어. 난타도 배우고 친구들이랑 점심도 같이 먹고 진짜 재미있었어. 공작새가 꼬리를 핀 것도 봤다. 그런데 올해는 코로나19 때문에 소풍을 못 갔어. 다음엔 꼭 가고 싶어.(배유미, 9세)

Q. 방학은 며칠이야?(유미영, 7세)

A. 방학 길어! 유치원보다 훨씬 길어서 좋아. 신나게 놀 수 있거든.(신유근, 8세)

※ 학교에 따라 다르지만 방학 기간은 보통 4주 정도입니다.

PART 1

우리 아이가 학교에 갑니다
: 학교 시스템 이해하기

취학통지서가 나왔어요

설립 유형에 따라 이렇게 달라요

저출산으로 인해 취학 연령 대상 아이들이 점점 줄어들고 있습니다. 반면에 교육 여건이나 교육 활동 다양성에 대한 수요는 점점 늘어나고 있습니다. 누구나 공립학교를 보내는 초등 의무교육을 무조건 받아들이던 시대가 아니라는 의미입니다. 아직 제한적이긴 하지만 아이의 특성에 맞춰 혹은 양육 방식에 맞춰 원하는 학교를 선택할 수 있고, 원하는 프로그램을 교육받을 수도 있습니다.

초등학교는 설립 유형에 따라 공립·국립·사립의 3개 유형으로 나눠집니다. 취학통지서에 배정된 학교뿐만 아니라 다른 학교를 선택할 수도 있지요. 각각이 가진 특성을 안다면 내 아이의 성향과 특성에 맞춘 학교로의 입학이 가능합니다. 공립·국립·사립초등학교 각각의 특징과 사립학교에 포함되는 국제학교, 대안학교의 특징에 대해 먼저 알아보겠습니다.

공립초등학교

지방자치단체(특별시 또는 광역시, 도, 시, 군)가 설립하여 관리 및 운영을 하는 초등학교로, 대부분의 우리나라 어린이들이 다니는 초등학교입니다. 거주지의 학군에 따라 무조건 배정받는 의무교육 기관으로, 학비와 급식비가 무료입니다. 사는 곳에 따라 학교를 배정받으므로 학교와 집이 가깝고, 동네 친구들이 많아 친구를 사귀기에 좋습니다. 학교 수업 후 돌봄에 공백이 생기는 맞벌이 가정이나 한부모 가정을 위한 돌봄교실을 운영하고 있으며, 학원보다 훨씬 저렴한 비용으로 다양한 방과후 프로그램을 이용할 수 있습니다.

국립초등학교

나라에서 설립하여 직접 관리 및 운영을 하는 초등학교로, 국립 교육대학교나 사범대학교에서 설립한 부설초등학교를 말합니다. 현재 전국에 17개의 국립초등학교가 있으며, 공립초등학교와 달리 희망 취학 아동의 원서를 접수하여 추첨을 거쳐 신입생을 선발합니다. 국립초는 지역 거주자만 지원 가능하며, 서울의 경우 사립초의 추첨일이 모두 같아 1개 사립초에만 지원할 수 있으나 국립초와는 추첨일이 달라 국립초와 사립초의 중복 지원은 가능합니다. 공립초등학교처럼 학비가 없고, 신입생 선발 시 받는 입학전형료 역시 2019년부터 폐지되었습니다.

대학 부설이다 보니 대학과 연계한 교육 프로그램이 마련되어 있습니다. 이런 부분으로 인해 공립보다 교육의 질이 높다는 인식이 있어 입학 경쟁률이 높기도 합니다.

사립초등학교

개인이나 민간단체, 기업 등의 사법인이 설립하여 관리·운영하는 학교를 말합니다. 사립학교법의 적용을 받으며, 국가 교육 과정에서 외국어, 예체능, 인성 교육 등 특성화된 교과를 선택적으로 운영합니다. 수업료를 받아 운영하는 만큼 수영이나 스키, 스케이트 같은 고비용의 특기 적성 교육 프로그램을 정규 교과에 편입하거나 예체능 교육을 의무 편성하는 경우가 많습니다. 사립초등학교는 선생님들이 해당 학교에서 오래 근무하기 때문에 일관적이고 지속적인 교육이 이루어질 수 있습니다. 국립초등학교와 마찬가지로 입학 희망 아동을 대상으로 신청서를 받아 추첨을 통해 신입생을 선발합니다. 하지만 학교가 학구가 아닌 경우 스쿨버스를 타야 하기 때문에 등하교 시간이 오래 걸린다는 단점이 있습니다.

국제학교

국제학교와 대안학교는 설립 유형 중에서 사립에 속합니다. 국제학교는 국내 거주 외국인 자녀나 외국에서 학업을 하다 입국한 국내 학생들을 위해 설립됐습니다. 하지만 요즘은 국내에도 해외 유수의 명문 국제학교들이 생겨나고 있으며, 해외 거주 경험이 없는 국내 학생들도 입학이 가능해졌습니다. 외국 유학보다는 학비가 덜 들지만 수준 높은 영어를 구사할 수 있다는 점, 외국 학교의 교육 과정을 국내에서 이수할 수 있다는 장점 때문에 부모님들의 관심이 높습니다. 그러나 단순히 영어가 목적이라면 학비 대비 효과는 낮을 수 있습니다. 유학을 계획하고 있다면 국제학교 입학을 고려해 볼 수 있습니다.

대안학교

대안학교는 자녀에게 획일화된 교육이 아닌 특성화된 교육 방식과 교육 프로그램을 제공하고 싶어 하는 부모님께 고려해 볼 것을 추천합니다. 경쟁과 성적에 집중된 구조적 문제 때문에 중등 교육을 대상으로 시작된 대안학교지만 현재는 유치원생과 초등학생을 대상으로 하는 학교가 꾸준히 늘고 있습니다. 프로그램이 파격적이고 개성이 강하다는 장점이 있지만 공식적으로 학력을 인정받을 수 있는 인가형과 그렇지 않은 비인가형이 있으니 반드시 확인하셔야 합니다.

우리 아이를 이 학교에 보내려고 합니다

사립초등학교나 국립초등학교의 신입생 공개 추첨 기간이 끝나면 공립초등학교의 취학통지서가 배부됩니다. 학부모 입장에서는 아이의 초등학교 입학을 앞두고 처음으로 받는 서류이기도 하지요. 취학통지서는 해당 주민센터에서 취학 아동 대상자에게 발송되며, 보통 통장을 통해 각 가정에 전달됩니

· 취학통지서 예시 ·

취 학 통 지 서

(학교 제출용)

발행번호 :

주소	서울특별시 ○○구 ○○로 52길 24
보호자 성명	○○○
취학아동 성명	○○○
주민등록번호	14****-3******
취학 학교	로그인초등학교
예비 소집일시	2021. 01. 06 16:00
입학 일시	2021. 03. 02 10:00
등록 기간	

위 아동은 초중등 교육법 제13조에 의하여
아래 학교에 배정되었사오니
이 통지서는 취학할 초등학교의 예비 소집에 참석할 때
지참하시기 바랍니다.

2020년 12월 ○○일
○ ○ ○ (인)

* 특별한 사유 없이 기일 내에 취학하지 않을 떠에는
초중등교육법 제68조에 의하여 보호자는 처벌을 받게 됩니다.

다. 취학통지서를 받은 학부모는 배정받은 학교의 예비 소집일에 참석하여 이를 제출해야 합니다. 이로써 "우리 아이를 이 학교에 보내려고 합니다."라는 의사를 공식적으로 표현하게 되는 것이지요. 보통 12월 초나 중순에 발송되니 일정을 숙지하고 계시면 좋습니다.

두근두근, 신입생 예비 소집일

취학통지서를 꼭 지참하세요

바빠서 혹은 예비 소집일 당일에 휴가를 내지 못해 친한 지인이나 조부모님 등에게 부탁하여 취학통지서를 대신 제출해야 하는 경우가 있습니다. 하지만 이젠 그러지 않으셔도 됩니다. 2020년 1월 예비 소집일부터는 저녁 시간까지 소집 시간을 연장하였습니다. 2021년에는 1월 6일~7일 오후 4시~8시 이틀에 걸쳐 예비 소집일을 지정해 놓아 맞벌이 부모님의 경우에도 퇴근 후 방문이 가능하니 부담이 더 줄어들 듯합니다.

지역마다 차이가 있긴 하지만 대개 취학통지서와 함께 예방접종 확인사업 안내문과 교육급여 신청 안내문이 배부됩니다. 이때 간혹 온라인상으로만 취학통지서를 제출하고 정작 소집일 당일에는 지참하지 않는 분들이 있습니다.

다른 서류들은 입학 후 제출해도 되지만 취학통지서만큼은 꼭 지참하셔야 합니다. 온라인으로 제출하는 취학통지서는 주민센터에서 확인하는 시스템이기 때문입니다. 학교와 주민센터는 전산 시스템이 연결되어 있지 않기 때문에 지류로 된 취학통지서를 내지 않으면 취학 대상자의 개인 정보를 확인할 방법이 없습니다. 즉 취학통지서로 입학 대상자를 확정하고 반을 배정하기 때문에 가져가지 않으면 다른 종이에 개인정보를 적어야 하는 번거로움이 있습니다.

가급적 아이와 함께 가세요

바쁜 시간을 내어 처음으로 아이의 학교에 가는 만큼 아이도 함께 데리고 가는 것이 좋습니다. 아동학대 사건들 가운데 부모와 아이가 예비 소집일에 오지 않거나 입학 후에도 아이를 학교에 보내지 않아 확인이 늦어진 사건이 여러 건이었다고 합니다. 예비 소집일에 학교에 왔더라면, 그래서 하루라도 빨리 대처가 이뤄졌더라면 불미스러운 일을 조금이나마 일찍 해결할 수 있었겠지요.

이런 일련의 사건들로 인해 취학 대상자에 대한 확인 절차가 강화되었습니다. 예비 소집일에 취학 대상자 어린이의 얼굴을 마주보고 대화를 나누며 건강과 안전을 확인하는 학교도 있지요. 아이가 어린이집이나 유치원에 간 사이 잠깐 틈을 내어 참석하는 게 편한 것은 당연합니다. 하지만 조금 번거롭더라도 아이의 손을 잡고 예비 소집일에 함께 참석해 주시기를 부탁 드립니다.

사실 아이를 예비 소집일에 데리고 가는 진짜 중요한 이유는 따로 있습니다. 학교라는 낯선 공간을 처음으로 보여주는 날, 그 처음을 엄마나 아빠와 함께 편안한 마음으로 경험할 수 있는 좋은 기회가 바로 예비 소집일이기 때문입니다. 그러니 이날은 부모님께서 도와주셔야 합니다. 학교를 너무 크고 삭막한 건물이 아닌 앞으로 6년이라는 시간 동안 집 다음으로 오래 머무를 즐겁고 편안한 곳으로 받아들일 수 있도록 말입니다. 그럼 이제 예비 소집일에 참석해 볼까요?

취학통지서 제출, 이렇게 합니다

아이의 손을 잡고 취학통지서를 지참한 뒤 배정 받은 초등학교로 갑니다. 학교 현관 입구에 취학통지서를 제출하는 장소 안내문이 보일 것입니다. 제출 장소로 가 아이의 순번과 이름을 확인하고 취학통지서를 제출하면 됩니다. 그럼 담당자께서 입학 관련 서류들을 주실 겁니다. 보통은 학교 양식에 따라 개인 정보를 적고 확인합니다. 하지만 세대주가 조부모님인 경우도 있으므로 학부모 본인의 이름과 전화번호가 맞는지 확인해야 합니다. 입학을 전후하여 학교에서 보호자에게 연락할 일이 있을 경우 이때 기입한 전화번호를 기준으로 하기 때문입니다. 특히 코로나19와 같은 변수로 인해 입학 전에 학교에서 연락하는 경우가 발생하는데, 잘못된 번호가 기재되어 있을 경우 중요한 안내를 놓칠 수 있습니다. 그러니 전화를 바로 받을 수 있는 주보호자의 번호를 기재해 주십시오. 학교 전화 번호를 스팸 번호로 생각해 받지 않거나 차단하는 학부모님도 계시는데, 학교 홈페이지에 기재된 대표 번호를 저장해 주시길 부탁드립니다.

참고로 학교를 방문하면 학교 지킴이인 보안관님께서 가장 먼저 맞아주십니다. 보안관님이 정문에서 체온 체크(코로나19 상황이 지속될 경우)를 해주시는데, 이상이 없을 경우 신분증 제시, 방문록 작성, 출입증 발급 등의 절차를 거치게 됩니다. 신원 확인이 끝나면 출입증을 목에 건 뒤 학교 안내도를 확인하고 해당 장소로 이동해 주세요. 보안관님께 여쭈면 친절히 안내해 주시니 방문하고자 하는 곳의 위치를 물어보시면 됩니다. 가끔 보안관님들이 불친절하다고 느끼시는 부모님들이 계십니다. 경찰이나 군인 생활을 하다 퇴직하신 분들이 많다 보니 간혹 따뜻한 인상을 받지 못할 수 있습니다. 마음과는 달리 직업적으로 굳어진 표정이니 넓은 마음으로 이해해 주시길 부탁드립니다.

이동하는 중에 누군가와 마주친다면 미소를 지으며 가볍게 목례해 주시는 것도 좋습니다. 학교 안에서 만나는 성인과 아이는 모두 내 아이와 관련되어 있는 분들이니까요. 가볍게 미소 지으며 인사를 나누는 모습이 우리 아이의 학교 문화를 긍정적으로 변화시키는 시작이랍니다.

입학식 이모저모

입학식 전 아이에게 알려주세요

첫 아이를 학교에 보내는 부모님들의 고민과 궁금증은 끝이 없습니다. 입학식은 언제 어디서 어떻게 진행되는지, 우리 아이의 담임선생님은 어떤 분이실지는 기본이고, 입학식 날 아이의 조부모님이 참석해도 되는지, 첫날 어떤 것을 준비해 가야 하는지 궁금한 것투성이입니다. 먼저 입학식 장소와 시간은 신입생 예비 소집일에 서류 봉투에 넣은 안내문을 통해 안내하거나 입학식 당일에 정문이나 본관 중앙 현관에 안내문을 붙여 놓습니다. 학급 배정은 입학 전에 이루어져 학교 홈페이지에 게재하거나 입학식 안내문과 함께 배정표를 본관 및 입학식장에 붙여 놓습니다.

입학식 장소는 대부분 부모님 좌석과 자녀 좌석이 분리되어 있습니다. 하지만 아직 부모님 품을 떨어져본 적이 거의 없는 아이들에게 입학식은 낯설고 어려울 수밖에 없습니다. 그래서인지 입학식이 진행되는 동안 자리에서 일어나 엄마 아빠가 계신 곳을 두리번거리는 아이도 있고, 심지어 정해진 자리에서 벗어나 부모님이 있는 곳을 왔다 갔다 하는 아이도 있습니다. 그러니 입학식이 시작되기 전 부모님이 어느 위치에 앉아 아이를 지켜보고 있는지 알려주시고, 식이 끝난 뒤 어디에서 만날 것인지 미리 장소를 정해두는 것이 좋습니다.

입학식, 이렇게 진행됩니다

입학식은 대개 귀빈 인사, 교장선생님의 인사말 및 학교 소개, 담임선생님 소개, 입학식 이후 교실 활동 안내 및 교실 둘러보기, 선배 학생들의 신입생 입학 축하 및 격려 활동 등으로 이루어집니다. 학교마다 차이는 있지만 대략 1시간 이내에 끝납니다. 그러다 보니 바쁜 시간을 쪼개 휴가를 내서 참석한 부모님의 경우 "벌써 끝난 거야?" 하며 당황하시는 경우가 종종 있습니다. 하지만 입학식은 우리 아이가 엄마 아빠의 손을 잡고 학교에 올 때부터 집에 갈 때까지 함께 참여하는 처음이자 마지막 행사입니다. 안정감을 느끼며 학교생활에 대한 기대를 할 수 있다는 점에서 입학식이 가진 의미는 매우 큽니다. 식이 행해지는 시간보다 의미에 관심을 기울여 주시기 바랍니다.

놓치지 말아야 할
각종 신청 정보

돌봄교실, 방과후학교, 교육급여…
이게 다 무엇인가요?

예비 소집일에 받아온 서류 봉투에는 어린이집에 입소할 때 받았던 것처럼 온갖 서류들이 들어 있습니다. 맞벌이 가정의 경우에는 교실 수업 이후의 방과후 스케줄 조정이 가장 중요합니다. 돌봄교실 안내문과 방과후학교 안내문을 미리 살펴 신청 기간을 놓치는 일이 없도록 해야 합니다.

돌봄교실은 담임선생님과의 교실 수업이 끝난 후 장소를 옮겨 어린이들이 자유 선택 놀이 활동을 하며 부모님이 올 때까지 보육을 해주는 것입니다. 학교 수업과 구분되는 별도의 프로그램으로 인원 제한이 있습니다. 주로 맞벌이 가정의 자녀를 대상으로 하며, 기초수급자나 한부모 가정에 우선권이 있습니다. 신청한다고 해서 모두 되는 것은 아니니 떨어졌을 경우에 대비하여 지역 돌봄 기관을 활용하는 것도 방법입니다. 또 돌봄교실 신청과 입금은 입학 전인 2월 중에 완료되는 만큼 하교 후 아이를 돌봐줄 사람이 없는 가정은 신청 기간과 서류를 반드시 확인해 주십시오. 그래야 돌봄 공백을 막을 수 있습니다.

방과후학교 수강 신청 안내문에 신청 가능 부서(강좌)와 금액, 신청 방법 등이 자세히 나와 있으니 참조하시면 됩니다. 방법도 학교마다 다릅니다. 온라인을 통해 선착순으로 신청하는 학교도 있고, 선(先) 신청 후(後) 추첨을 통해 선정하는 학교도 있습니다. 인기 있는 수업일수록 빨리 마감되니 꼭 듣고 싶은 수업이 있다면 신청 시간을 꼭 확인하세요. 반대로 비인기 강좌의 경우 신청 기간을 놓쳐도 인원 미달로 추가 신청이 가능합니다. 우리 아이가 원하는 수업은 다른 아이도 원할 가능성이 높으니 인기 수업을 신청할 때는 신청 기간에 더욱 주의를 기울이셔야 합니다. 방과후학교에 관해서는 다음 장에서 자세히 설명 드리겠습니다.

교육급여 신청 안내 자료 역시 자주 발송되는데, 대개 주민센터나 온라인 시스템을 통해 신청합니다. 복지 혜택 대상자가 되면 학교 담당자에게 교육급여 대상자 명단이 보안 문서로 전달됩니다. 대상 학생은 현장 체험 학습비나 방과후 수강료를 지원받거나 각종 프로그램에서 우선 대상자로 선정됩니다. 간혹 대상자인 것이 공개될까봐 우려하시는 분들이 계신데 걱정하지 않으셔도 됩니다. 법정 대상자가 아니어도 복지 사각지대를 해소하고 대상자 발굴을 위해 담임 추천을 통한 외부 기관 장학금 및 복지 혜택 프로그램 대상자 선정 방법도 있으니 학기 초 학부모 상담 시에 문의하시면 됩니다.

학교에서 오는 서류 이해하기

돌봄교실이나 방과후학교에 관한 서류 외에도 각각의 서류에 대해 살펴보면 다음과 같습니다. 예방 접종 내역과 가정환경조사서가 대표적입니다.

예방 접종 내역

나와 아이에게 필요한 신청 서류는 놓치는 경우가 드물지만 학교에 필요한 서류는 놓치는 경우가 많습니다. 신입생 예비 소집일 서류에 함께 들어 있던 예방 접종 내역 관련 서류는 대부분 병원에서 전산 등록을 하기 때문에 증명서를 제출할 필요까지는 없습니다. 하지만 종종 생후 2주경에 맞는 BCG 결핵주사 기록이 전산에서 누락되거나 폐업한 소아청소년과에서 접종한 내역이 누락되는 경우가 있습니다. 이런 부분은 미리 확인하는 것이 좋습니다. 참고로 실수로 놓친 미접종 내역은 학교에서 접종 안내를 하니 입학 후에 해도 됩니다.

학생 기초 조사서

학교 전산상에 기입하기 위한 것으로, 학교마다 묻는 내용과 양식이 조금씩 다릅니다. 부모님에 관한 내용은 줄여가는 추세이며, 교육에 필요한 아이의 특성에 관한 내용은 늘려가는 추세입니다. 그런 만큼 부모님의 직업이나 나이 등 집안 배경에 대한 내용을 기입하는 칸은 없고, 서류 이름 역시 '학생이해자료'나 '기초상담조사자료' 등으로 나갑니다.

• 학생 기초 조사서 예시 •

학생 기초 조사서

2021학년도　　　로그인초등학교　　　1학년　　(　　)반　　이름 (　　　　　)

아 동 명	성 별	생년월일

주소	(도로명주소)		
보호자	이 름	생년월일	집 전화 (　　　　　)
부			핸드폰
모			핸드폰
본교 재학 중인 형제자매	(　　) 학년 (　　) 반 이름 (　　　　　)		
	(　　) 학년 (　　) 반 이름 (　　　　　)		
선생님께 드리고 싶은 말씀	성격 및 행동특성 등 지도를 위해 담임선생님이 알고 계셔야 할 내용을 자세히 기록하시는 것이 좋습니다.		
급식 및 건강 관련 참고사항	음식 알레르기나 편식 등 급식 문제, 건강에 특별한 사항이 있어 주의 지도해야 할 사항을 적어주세요.		
본교 방과후교실 혹은 돌봄 신청 상황			

• 위 개인정보는 학생지도 및 생활기록부 작성에 한하여 이용됩니다. 위 정보제공에 동의합니다.
　　□ 동의함　　□ 동의 안 함　　보호자 성명　　　　　(인)

이는 우리 아이의 전인적 발달에 도움이 될 만한 신체적·정서적·인지적 특징을 사전에 조사하는 것이 목적입니다. 그런데 종종 내 아이에 대한 선입견을 주고 싶지 않다는 이유로 아무것도 적지 않거나 '양호함'이라고만 써서 보내는 부모님들이 있습니다. 이런 답변은 담임선생님께 전혀 도움이 되지 않습니다. 내 아이가 나에게 특별한 존재인 만큼 아이의 특징이 드러나는 솔직하고 정성스런 문장으로 보내주시는 것이 좋습니다. "부족하지만 사랑스러운 구석이 많은 저희 아이, 잘 부탁드립니다."라는 상투적인 문구가 "양호함"이라는 답변보다 낫습니다. 학생 기초 조사서에 기입될 부모님의 정성스런 혹은 특징적인 문구가 담임선생님께 우리 아이에 대한 긍정적인 인상과 기대를 심어준다는 것을 잊지 마십시오.

그리고 또 한 가지, 1학년 1학기에 전국적으로 시행하는 '학생 정서·행동 특성 검사'라는 필수 검사가 있습니다. 결과지를 학생 편에 직접 배부하기도 하지만 우편을 통해 가정으로 발송하는 경우도 있습니다. 이때 주소가 필요하므로 학생 기초 조사서에는 현재 살고 있는 곳의 주소를 정확히 기재하셔야 합니다. 혹 학생 기초 조사서 제출 후에 주소가 변경됐다면 선생님께 꼭 알려주셔야 합니다.

방과후학교
자세히 들여다보기

방과후학교가 무엇인가요?

방과후학교는 학생들의 소질과 적성을 계발하고 사교육비를 절감하기 위한 목적으로 운영하는 특별활동 교실을 일컫는 말입니다. 정규 수업 후에 창의성 신장, 인성 교육, 특기·적성 계발, 교과 학습 보충 등을 위해 개설된 여러 개의 부서 및 강좌를 아이나 가정의 필요에 따라 신청하면 됩니다.

초등학교 방과후학교 운영은 학교장의 관리·감독 하에 외부 사교육 기관에 위탁하거나 개인 강사에게 위탁하여 진행하는 경우가 대부분입니다. 관리·감독은 학교장 하에 하지만 프로그램의 실질적 운영은 위탁 받은 업체나 강사가 하기 때문에 방과후학교에 대한 내용은 전적으로 방과후 강사가 담당합니다. 방과후학교에 대한 문의 역시 방과후 코디네이터나 학교 업무 담당 교사에게 하시는 것이 더 정확하고 빠른 도움을 받을 수 있습니다.

수강료는 프로그램별로 다르지만 강좌당 평균 3만 원 내외이며, 재료비는 별도인 경우가 많습니다. 또 교육급여 지원을 받는 학생의 경우 자유수강권으로 이용 가능합니다. 입학식 다음날부터 바로 운영하는 학교도 있고, 일주일 뒤부터 운영하는 학교도 있습니다. 신청할 때 강좌 시작일과 운영 시간, 강좌 장소를 아이에게 꼭 주지시켜 수강을 놓치는 일이 없도록 해야 합니다.

여기서 주의할 것! 1학년 1학기 초에는 담임선생님께서 교실에서 교문까지 아이들의 하교를 도와주시는 경우가 많습니다. 이때 방과후학교 수업을 듣는 아이가 수업 장소로 가지 않고 하교하는 친구들과 선생님을 따라 자연스럽게 집으로 가는 일이 생각보다 많습니다. 처음 두세 번은 담임선생님께서 함께 이동해 주시겠지만 학생 수가 많거나 참여하는 학생이 많은 경우 일일이 챙기기가 어렵습니다. 그러니 아이 스스로 시간에 맞춰 방과후학교 교실을 잘 찾아갈 수 있도록 메모나 전화를 통해 주지시켜 주시길 부탁드립니다.

아이가 원하는 수업을 듣는 것이 좋아요

방과후학교는 정규 수업이 아닌, 학생 개인의 필요에 따라 원하는 강좌의 수업을 유료로 선택하여 배우는 프로그램입니다. 그런 만큼 학교마다 강좌 수나 종류, 강사나 프로그램의 질이 다를 수밖에 없습니다. 그러니 신청 전에 해당 학교 선배 엄마나 학교에 계신 방과후 코디네이터, 담당 교사에게 문의하여 인기 강좌나 원하는 강좌에 대한 정보를 미리 얻는 것도 좋습니다.

방과후학교 활동 상황은 학교생활기록부에 기재되지 않으니 가능하면 아이의 흥미와 소질을 고려하여 선택하시는 것이 좋습니다. 종종 부모님 기준에서 아이가 신장하기를 바라는 특기 분야를 선택하거나 정규 수업 후 시간에 맞춰야 한다는 이유로 관심도 없는 강좌를 선택하는 모습을 봅니다. 이럴 경우 아이가 방과후학교뿐만 아니라 학교라는 공간 자체에 대해 부정적인 인식을 가질 수 있습니다. 불가피한 경우가 아닌 이상 자녀에게 선택권을 주는 것이 동기 부여 및 꾸준한 참여를 통한 특기·적성 계발에 도움이 된다는 것을 잊지 마세요.

영어 수업도 들을 수 있다고요?

정규 교육 과정에서는 3학년 때 영어가 처음 시작됩니다. 아이가 학습에 필요한 신체적·정서적 발달을 기반으로 모국어와 개념 발달이 충분히 성숙한 시기를 고려하여 국가 수준의 교육 과정을 설계한 것입니다. 2017년 12월 교육부가 「공교육 정상화 촉진 및 선행교육 규제에 관한 특별법」 일부 개정을 근거로 2018년 3월부터 초등 1,2학년을 대상으로 하는 방과후학교 영어 수업을 금지했습니다. 그러나 2019년 3월 13일 교육부 관련법 재개정을 통해 놀이와 활동 중심의 프로그램으로 방과후학교 영어 수업을 운영하는 것을 허용했습니다. 따라서 비교적 저렴한 수강료로 영어를 접할 수 있게 되었습니다.

• 방과후학교 수강 신청 및 관련 안내문 예시 •

2021학년도 1분기(12주) 방과후학교 프로그램

프로그램명	요일	운영 시간		수강료(3개월)			정원	장소
				강사료	수용비	교재비/재료비		
코딩	월	A	1~2학년 13:10~14:50	77,550원	4,950원	46,000원	20	컴퓨터실
		B	3~6학년 15:00~16:40					
표현미술	월	A	1~2학년 13:10~14:50	77,550원	4,950원	21,900원	20	미술실
		B	1~6학년 15:00~16:40					
바이올린	월,금	학생개별 주당50분씩2회	1~6학년 14:00~15:40	116,325원	7,425원	없음	25	음악실
로봇창의	화	A	1~2학년 14:00~15:40	84,600원	5,400원	75,000원	20	영어 전용 교실
		B	1~6학년 15:50~17:30					
방송댄스	화	A	1~2학년 14:00~15:40	84,600원	5,400원	없음	25	체육관
		B	1~6학년 15:50~17:30					
클레이아트	화	A	1~2학년 14:00~15:40	84,600원	5,400원	42,000원	20	미술실
		B	1~6학년 15:50~17:30					
사고력 영재수학	화,목	A1	2학년 14:00~14:50	81,075원	5,175원	33,000원	12	교과실1
	화,목	A2	4학년 15:00~15:50					
	화,목	A3	6학년 16:00~16:50					
	화,목	B1	1학년 14:00~14:50	81,075원	5,175원	33,000원	12	교과실2
	화,목	B2	3학년 15:00~15:50					
	화,목	B3	5학년 16:00~16:50					
플룻	화,목	학생개별 주당50분씩2회	1~6학년 14:00~15:40	116,325원	7,425원	없음	25	음악실
독서랑 생각쓰기	수	A	1~2학년 14:00~15:40	77,550원	4,950원	없음	12	교과실3
		B	3~6학년 15:50~17:30					
레고	수	A	1~2학년 14:00~15:40	77,550원	4,950원	15,000원	20	영어 전용교실
		B	3~6학년 15:50~17:30					
컴퓨터	수,금	컴활용A (컴기초마스터 +문서작성)	1~4학년 14:00~14:50	74,025원	4,725원	10,000원	25	컴퓨터실
	수,금	컴활용B (프로그래밍)	1~6학년 15:00~15:50	74,025원	4,725원	10,000원	25	
	수,금	자격증 (국가공인 ITQ엑셀)	4~6학년 16:00~16:50	74,025원	4,725원	15,000원	20	
생활체육	수	구기체육	1~3학년 14:00~15:40	77,550원	4,950원	없음	20	강당
	목	티볼	3~6학년 15:00~16:40				30	운동장
미술	목	A	1~2학년 14:00~15:40	77,550원	4,950원	45,000원	20	교과실3 교과실3
		B	1~6학년 15:50~17:30					
중국어	목	A	1~2학년 14:00~15:40	77,550원	4,950원	15,800원	20	영어 전용 교실
		B	3~6학년 15:50~17:30					
쿠킹& 베이킹	목	A	1~2학년 14:00~15:40	77,550원	4,950원	55,000원	20	실과실
		B	3~6학년 15:50~17:30					
집중력 한자속독	금	A	1~2학년 13:10~14:50	77,550원	4,950원	22,000원	25	교과실2
		B	1~6학년 15:00~16:40					

* 수강료와 교재비 및 재료비는 모두 스쿨뱅킹을 통해 출금됩니다.
* 모든 방과후학교 프로그램은 3개월 단위로 운영됩니다.

학교에서
직접 전달받는 정보

학교 설명회, 학교 경영을 안내받는 날

학교 설명회는 신입생 학부모 연수일 또는 학부모 총회와 겸하여 운영하는 학교가 많습니다. 신입생 학부모 연수일은 대개 입학식 다음날 운영하고, 학부모 총회는 대개 3월 셋째 주에 운영합니다. 맞벌이 부부라면 두 분이 상의하시어 입학일, 신입생 학부모 연수일, 학부모 총회일, 학부모 상담일 이 4개의 날짜에 번갈아 휴가를 내시는 것이 좋습니다.

신입생 학부모 연수일에는 많은 일이 이뤄집니다. 학사 일정, 교육 특색 활동, 1학년 교육 과정 및 수업 시간 운영 계획을 비롯해 교과서의 종류와 사용법, 학교 폭력 예방 교육, 교권 침해 예방 교육, 보건실 운영, 급식 지도 방법 및 운영 등 학부모가 반드시 인지하고 가정에서 지도해야 할 내용을 안내합니다. 한마디로 우리 아이의 1학년 학교생활에 대한 전반적인 안내를 해주는 날이니 바쁘시더라도 꼭 참석해 주시길 바랍니다.

학부모 총회, 학급 경영을 안내받는 날

부모님들이 다녔던 학교의 모습과 우리 아이들이 다니는 학교의 모습은 많이 다릅니다. 그렇다 보니 언론이나 지인을 통해 확인하는 학교의 실태는 제한적이고 정확하지 않아 자칫 오해를 불러올 수 있습니다. 교실에서 이루어지는 활동 전반에 대해서는 담임선생님을 통해 듣는 것이 가장 정확합니다. 국가 및 시도 교육청, 학교 방침에 따라 담임 재량에 따른 학급 경영이 이루어지고 있기 때문에 학교생활에서 우리 아이에게 가장 직접적인 영향을 주는 사람은 담임선생님입니다.

학부모 총회는 1년간 이루어지는 학급 활동 및 담임선생님의 학급 경영 방침을 소개받는 날이라고 생각하시면 됩니다. 담임선생님의 자기소개를 시작으로 학습 지도 방법, 생활 지도 방침, 가정과의 소통 방법, 과제 및 준비물 안내, 평가 방침 및 계획 등을 들을 수 있는 만큼 이날 역시 반드시 참석하시는 것이 좋습니다. 또 입학일과 3월 초반에 안내되었던 내용을 토대로 학교와 아이에 대해 궁금했던 부분을 담임선생님께 직접 물어볼 수 있는 날이니 이 기회를 잘 활용하시기 바랍니다. 학부모 총회에 관해서는 뒤에서 다시 한번 소개하겠습니다.

학교 시스템 이해하기

학사력 확인하기

학사력은 방학일, 개학일, 학교 자율 휴업일, 개교기념일, 현장 체험 학습일, 학교 축제, 운동회 등 학교 행사 및 교육 활동 일정이 표기된 달력을 말합니다. 예비 소집일에 주는 경우도 있으나 대개는 3월 첫째 주에 배부합니다. 전화로 "학교 자율 휴업일이 언제인가요?" "방학날이 언제죠?" "방학하는 날 급식은 하나요?" 등 학기 일정과 방침을 물어보는 부모님들이 종종 계시는데, 이 학사력을 활용하면 궁금증을 빨리 해결할 수 있습니다. 참고로 급식은 연 188일 정도만 하게 되어 있습니다. 시업식, 여름 방학식, 겨울 방학식, 종업식의 4일은 급식을 하지 않고, 방학일이나 개학일은 평소보다 일찍 끝나는 경우가 대부분이니 이를 참고하여 아이의 점심 및 오후 스케줄을 짜시면 됩니다.

주간 학습 안내문 확인하기

학교에 입학하면 약 한 달간은 '주간 학습 안내문'이라는 통신문을 통해 한 주 간의 계획을 예고합니다. 여기에는 등하교 시간, 어떤 과목을 배우는지 알려주는 수업 시간표, 수업이 시작하고 끝나는 시간을 알려주는 시정표, 학습 준비물, 학교나 담임선생님의 공지 사항 등이 담겨 있습니다.

입학 후 한동안은 우리 아이가 잘 적응하고 있는지 무척 궁금할 것입니다. 휴대전화로 아이에게 부재중 전화라도 걸려오면 어디 다친 것은 아닌지, 친구

• 주간 학습 안내 예시 •

주간 학습 안내

5월 3일~5월 7일(9주)　　　　　　　　　　　　　　　　로그인초등학교 1학년 1반

요일	과목	쪽 수	학 습 내 용	차시	비고
월 (3일)	봄 1-1	82-83	(즐)새싹과 꽃 (1/2)	23/40	
	봄 1-1	84-85	(슬)우리가 도와줄게 (1/2)	25/40	
	국어	68-71 (국어 활동 28-30)	모음자의 이름을 안다 (2/2)	4/11	
	수학	44-45(29-30)	여러 가지 모양으로 만들어 볼까요	3/6	
화 (4일)	국어	72-73 (국어 활동 31)	모음자를 찾을 수 있다	5/11	
	수학	46-49	[놀이 수학] 모양 찾기 놀이를 해요	4/6	
	안전	-	운동장과 놀이터에서 안전하게 놀아요(2/2) _안전한 생활_생활 안전	6/6	
	봄 1-1	84-85	(슬)우리가 도와줄게 (2/2)	26/40	
	봄 1-1	82-83	(즐)새싹과 꽃 (2/2)	24/40	
수(5일)			어린이날		
목 (6일)	봄 1-1	90-91	(즐)조물조물 봄과 놀기 (1/2)	29/40	
	봄 1-1	102-103	(슬)'도란도란 봄 동산' 안녕 (1/2)	39/40	
	봄 1-1	102-103	(슬)'도란도란 봄 동산' 안녕 (2/2)	40/40	
	국어	74-79 (국어 활동 32-33)	모음자를 읽을 수 있다 (1/2)	6/11	
	창체		한자 교육		
금 (7일)	국어	74-79 (국어 활동 32-33)	모음자를 읽을 수 있다 (2/2) 도서실 수업(5)_독서 교육	7/11	
	국어	80-85 (국어 활동 34-39)	모음자를 쓸 수 있다 (1/2)	8/11	
	수학	50-51	[얼마나 알고 있나요]	5/6	
	여름 1-1	8-13	(슬)우리는 가족입니다 (1/3)	1/40	
가정 통신	♠ 5월 5일은 어린이날입니다. ♠ 학교는 공동체 생활입니다. 바르고 고운말 쓰기, 상대방 입장을 배려하여 말하고 행동하기 등을 실천합시다. ♠ 황사와 미세먼지가 많은 계절입니다. 손 씻기, 마스크 쓰기 등 위생관리로 건강한 생활을 합시다.				

와 문제가 생긴 것은 아닌지, 선생님께 혼이 난 건 아닌지 싶어 안절부절못하게 되지요. 이때 선생님을 번거롭게 할까봐 아이 휴대전화로 직접 전화를 하시는 부모님이 있습니다. 수업 중에 아이가 "선생님, 엄마가 전화했는데 받아도 되나요?"라고 묻는 경우가 종종 있지요. 걱정되고 불안한 마음은 이해하지만 일과 중에 전화를 하시는 것은 가급적 삼가해 주시는 게 좋습니다. 불가피하게 일과 중 통화를 해야 한다면, 주간 학습 안내를 참고하여 쉬는 시간이나 점심 시간을 이용해 주십시오. 주간 학습 안내뿐만 아니라 입학 안내 서류에도 시정표가 들어 있으니 입학 관련 서류를 다시 한 번 참고해 주시면 불편한 상황이 생기는 것을 방지할 수 있습니다.

가정통신문 & 알림장 확인하기

신입생 예비 소집일을 시작으로 입학식, 입학 이후까지 아이는 거의 매일 가정통신문을 받아올 것입니다. 물론 요즘은 종이로 된 통신문이 줄어들고 휴대폰 앱을 통해 발송되는 추세입니다. 그런 만큼 아이의 가방보다는 휴대전화에 설치된 학교와의 소통 앱을 잊지 않고 확인하는 것이 중요합니다. 특히 초기 가정통신문에는 가정에서 회신해야 할 것들이 많으니 꼼꼼히 살피시길 권합니다. 회신을 요하는 알림의 경우에는 가능하면 빨리 회신해 주시는 게 좋습니다. 적게는 15명 내외에서 많게는 30명 정도 되는 부모님의 회신을 일일이 챙겨야 하는 만큼 빠른 회신이 담임교사의 일을 덜어줍니다.

· 가정통신문 예시 ·

| 학교
로고 | **로 그 인 가 정 통 신 문**
교육공동체와 함께 따뜻하고 지혜롭고 건강하게 키우는 교육 | 밝고 씩씩하게
제2021-001호
☎000-0000 |

2021학년도 1학년 신입생 안내 사항

안녕하세요? 본교에 입학하게 된 것을 진심으로 축하드립니다.
1학년 신입생과 학부모님께 다음과 같이 안내 말씀드립니다.

1. 코로나19에 따른 1학년 생활시간표

학년 \ 요일	월	화	수	목	금	계
수업 시수	4교시	5교시	5교시	5교시	4교시	주당 23시간
하교 시간	12:40	13:20	13:20	13:20	12:40	

2. 1학년 신입생 준비물

준비물	선택 방법	유의점	
가방	들고 다니기 가볍고 튼튼한 것(바퀴 달린 것은 위험하므로 지양)	안쪽에 이름 쓰기	•매일 가지고 다니기
필통	**헝겊**으로 된 필통(철, 플라스틱, 장난감이 부착된 필통은 금지)	이름 쓰기	
연필	2B 연필(진한 심)을 3~4자루 매일 깎아서 준비(샤프 쓰지 않기)	낱개마다 이름 쓰기	
지우개	단순한 모양에 잘 지워지는 것	이름 쓰기	
네임펜	**검정색 1개** 필통에 매일 가지고 다니기	이름 쓰기	
테이프	스카치테이프 1개	이름 쓰기	•각 반 개인 사물함에 보관
사인펜	12색	낱개마다 이름 쓰기	
가위	손의 크기에 맞고 튼튼한 것	이름 쓰기	
풀	딱풀	뚜껑에도 이름 쓰기	
공책	알림장	이름 쓰기	
기타	• 물티슈1, 두루마리 휴지 또는 곽티슈1, 미니 빗자루 세트 • 여벌옷 - 속옷 1, 하의 1(옷과 비닐팩에 이름 써서 가져오기)	이름 쓰기	

★ 3월 ○일(월)까지 안내한 개인 물품을 교실의 사물함 등에 보관합니다.
★ 색연필, 책상 속 바구니, 10칸 노트, 종합장, 파일함, 작품 보관용 클리어파일은 **학교에서 준비해 드립니다.**
★ 도화지, 색종이 등의 소모품과 리듬악기 등 **수업 중 필요한 준비물은 학교에서 준비해 드립니다.**
★ 학교에서 배부한 우체통(L자 파일)을 매일 가방 속에 챙기도록 해주시고 가정에서는 매일 알림장과 우체통을 확인해 주시기 바랍니다.
★ 모든 가정통신문이 온라인 앱을 통해 배부되며 추후 방과후학교도 온라인 앱을 통해 접수받습니다. 꼭 확인해 주시기 바랍니다.

3. 기타

※ 등교 시간은 8:50~9:00입니다. 학생들의 안전을 위하여 시차 등교를 실시하오니 시간을 지켜주시면 감사하겠습니다.
가. 매일 아침 <학생건강상태 자가진단> 체크를 꼭 한 뒤 결과 안내에 따라 등교하도록 합니다.
나. 손 씻기, 거리 두기를 강조해 주시고 가정에서도 지도 바랍니다.
다. 마스크를 반드시 착용하고 등교하며 학생의 접촉을 최소화하도록 지도 부탁드립니다.
라. 학부모 연수는 실시하지 않고 배부되는 연수 자료로 대신합니다.
마. 학생들이 매일 일찍 자고 일찍 일어나도록 지도하여 주시고, 학교 오는 길을 정확히 익히고 안전하게 등·하교하도록 지도하여 주십시오.
     또한 등교 전 화장실을 꼭 다녀올 수 있도록 해주십시오.
바. 실내화 안쪽에 이름을 써서 준비시켜 주십시오. 실내화는 학교에 비치된 신발장에 놓고 다닐 예정입니다.
사. 활동하기 간편한 복장으로 등교시켜 주십시오.
아. 학생들은 우체통, 알림장, 필통을 항상 가지고 다닙니다.
자. 모든 준비물에는 스티커나 유성펜을 사용하여 학년 반, 이름을 기재해야 합니다.
차. 3월 3일(수)부터 급식이 시작되며 수저와 식판은 학교에서 제공됩니다. 물은 개인 지참입니다.
카. 하교 시간에 맞추어 학교로 마중 오시는 경우 선생님들께서 교문까지 하교 지도를 하오니 반드시 교문 앞에서 기다려 주시기 바랍니다.
타. 당분간 교과서는 주간 학습 계획에 안내된 시간표에 따라 가지고 다닐 수 있도록 해주시기 바랍니다.
     국어는 국어㉮와 국어 활동, 수학은 수학 교과서와 수학 익힘책을 함께 가지고 와야 합니다.

알림장도 마찬가지입니다. 1학년의 경우 모든 것이 처음이다 보니 알림장으로 오는 내용도 많습니다. 학교나 담임선생님의 안내 사항을 종이나 온라인상의 가정통신문으로 받을 수도 있으나 선생님에 따라서 학급 안내 사항을 알림장으로 상세히 알려주시는 분도 있습니다. 그러니 알림장도 매일 확인하셔야 합니다. 또한 아이 개인에 대한 학교생활 피드백이나 개별 학부모님에 대한 질문도 알림장을 통해 소통하는 경우가 있으니 알림장은 필수로 매일 확인하셔야 합니다.

부모님도 준비가 필요합니다

온라인 시스템(알림장, 학교 홈페이지) 활용하기

아이에게 입학 준비가 필요하듯 부모님 입장에서도 준비가 필요합니다. 특히 입학 후 3월 첫 주에는 제출하거나 확인해야 할 서류들이 특히 많습니다. 요즘은 온라인상으로 학교나 담임선생님의 안내 사항을 전달하는 경우가 많으니 온라인이든 오프라인이든 가정통신문과 알림장은 반드시 매일매일 확인하시는 게 좋습니다.

준비물은 가능하면 학교에서 구입하여 나눠주고 있습니다. 하지만 사인펜이나 색연필, 풀, 가위, 종합장처럼 적응 시기에 자주 쓰는 소모품은 학교에서 제공하는 필수품이 아닙니다. 이들 준비물은 가정에서 잘 챙겨주시길 부탁드립니다. 준비물을 가져오지 않아 우리 아이가 학교에서 당황하는 일은 없어야

겠지요. 요즘은 맞벌이 가정이 많은 만큼 밤늦게 퇴근한 부모님들이 아이 준비물을 챙기지 못하는 불상사를 막기 위해 적어도 2~3일 정도 여유를 두고 준비물을 알려줍니다. 그러니 저녁 시간이나 주말을 이용해 준비하시면 됩니다.

준비물을 챙길 땐 가능하면 아이와 함께하시고, 아울러 가방 챙기는 습관도 들여주십시오. 당연히 초반에는 서툴 수밖에 없으며, 이런 습관은 최소 3주, 보통 60일이 지나야 형성됩니다. 5월경이 되면 아이들이 제법 초등학생다운 면모를 보이는데, 가정과 학교에서 꾸준히 만들어준 습관 덕분일 것입니다. 아이와 함께 매일매일 알림장을 확인하고, 가방을 챙기고, 학교에서 있었던 일을 주고받고, 내일 있을 학교생활에 대한 대화를 나누는 과정에서 학교에 대한 관심이 높아지고 자연스럽게 기본 습관이 형성됩니다.

알림장은 담임교사가 각 학생과 가정에 안내하는 방법인데, 앞에서도 말했듯이 서면과 온라인 둘 다 이용하는 경우가 많습니다. e-알리미나 학교종이, 클래스팅 같은 플랫폼의 경우 담임선생님의 안내 사항은 물론 학교에서 보내는 가정통신문도 전달할 수 있기 때문에 신입생 예비 소집일이나 입학식 날 가입을 권유합니다. 각종 온라인 회원 가입은 늦어도 3월 첫 주에는 완료해야 놓치는 정보 없이 받아보실 수 있습니다.

학교 홈페이지도 종종 확인하시길 권합니다. 홈페이지 내 학부모 코너에 출결과 관련한 각종 학교 제출 서류 양식이 올려져 있기 때문입니다. 또한 학교 공지 사항이나 배부된 가정통신문 등의 여러 가지 정보도 확인할 수 있습니다. 학부모 명의의 회원가입 이외에도 학생 명의의 회원 가입을 반드시 하셔야 합니다.

나이스NEIS 학부모 서비스

나이스NEIS는 교육 행정 전반의 효율성을 높이고, 교직원의 업무 환경 개선을 위해 교육부가 구축한 전국 단위의 '교육 행정 정보 체계 종합 교육 행정 정보 시스템'입니다. 많이 들어보셨지요? 나이스에는 전국 1만여 개의 학교와 17개 시도교육청, 교육부가 네트워크로 연결돼 있습니다. 우리나라의 모든 학교에서 이 시스템을 통해 아이의 학교생활에 대한 모든 기록을 하고 있는 만큼 회원 가입을 해두시면 유용합니다. 나이스를 이용하면 학교에 직접 찾아가지 않아도 학교 정보뿐만 아니라 아이의 성적, 출결 등 내 아이의 학교생활을 인터넷으로 열람할 수 있습니다. 선생님과의 상담, 가정 통신 등 학교와 가정 간의 의사소통도 가능하고요. 학교마다 사용하는 기능에 부분적으로 차이가 있긴 하나 생활기록부를 열람하거나 교육 관련 증명서를 발급받을 수도 있습니다. 나이스 대국민 사이트(www.neis.go.kr)에 접속하여 회원 가입 및 인증서 등록 후 사용하시길 권해 드립니다.

· NEIS 홈페이지 ·

Q&A

입학 전, 이것이 궁금해요

학적 관련 용어가 어려워요.

- **입학**

  1학년으로 처음 학교에 들어가는 것을 말합니다. 외국인 학생도 1학년으로 새로 입학하는 경우 국내 학생과 동일하게 처리합니다.

- **면제**

  의무교육 대상자의 의무교육을 받을 의무를 면하는 것으로 사망이나 유학, 정당한 해외 출국 등의 사유로 국내에서 학교를 다니지 못할 경우에 해당합니다. 미인정 유학은 면제 대상 사유가 아니며, 정당한 해외 출국이라 함은 이민이나 부모님의 해외 취업, 해외 파견, 연구 수행 목적의 교환 교수 등 가족(부 또는 모)이 동행하여 외국으로 출국한 경우를 말합니다. 초등학교 학업은 의무교육이기 때문에 의무교육 대상자가 해외에서 학업을 하는 것은 부득이한 이유 외에는 국가가 인정하지 않는다고 생각하시면 됩니다. 그래서 재외국민 등록부 등본상의 해외 거주 기간이나 실제 체류 기간을 증명하는 출입국 사실증명서 등의 증빙 자료로 증명할 수 있어야 합니다.

• 유예

　입학 전 학교를 다닐 수 없는 사유가 발생한 경우에는 '취학 유예', 재학 중 질병이나 기타 부득이한 사유로 학교를 다닐 수 없는 경우에는 '유예' 처리를 하게 됩니다. 취학 의무의 유예는 1년 이내지만 특별한 사유가 있을 시에는 연장하는 것도 가능합니다. 면제와 마찬가지로 부득이한 사유가 아니라면 의무교육을 모두 마치도록 하려는 정부의 방침입니다.

빠른 연생이에요. 조기 입학이 가능한가요?

　우리나라의 모든 학교는 3월에 신학기를 시작하며, 만 나이를 기준으로 하기 때문에 입학 연령이 6세입니다. 이로 인해 한때는 1,2월생 아이가 전년도 3~12월생 아이들과 함께 입학이 가능하여 학년은 같지만 나이는 한 살 어린 이른바 '빠른 연생'이 있었습니다. 이 때문에 나이로 인한 혼돈이 있기도 했지요. 여기에 또래보다 한 살 어린 나이에 입학할 경우 학교생활에 제대로 적응하지 못할 것을 우려해 취학 시기를 일부러 늦추는 부작용이 발생했습니다.

　이에 초중등교육법을 개정, 2009학년도 입학생부터는 빠른 연생이 폐지되었습니다. 법 개정 전에는 빠른 생일을 가진 1,2월생 아이들이 마치 조기 입학을 한 것처럼 보였지만 해당 학년도의 생일이 빠른 1,2월생들은 조기 입학이 아닙니다. 우리나라의 학년도는 당해년 3월부터 이듬해 2월까지로 규정되어 있으며, 3월에 입학하는 1,2월생의 경우 만 6세가 넘었기에 자연스레 전년도 3~12월생과 함께 입학할 수 있었던 것입니다. 즉 당해년도 1월 1일 기준 만 6세 미만(전년도 12월 31일 기준 만 5세) 아이가 입학한다면 조기 입학에 해당합니다. 예를 들어 2014년 1~12월에 출생한 아이가 아니라 2015년 1~12월에 출생한 아이가 2021학년도에 입학하면 조기 입학에 해당합니다. 조기 입학은 초중등교육법 제13조 제2항에 의거해 가능하며, 자녀의 인지 발달뿐만 아니라 신체 발달, 정서 발달 상황을 모두 고려하여 결정하시길 권합니다.

출석, 결석, 지각… 선생님께 연락하고 싶어요.

밤늦게 아이가 아프다거나 갑작스러운 일로 다음날 아이가 등교를 할 수 없는 일이 생길 수 있습니다. 이 경우 담임선생님께 연락을 해야 하는데, 요즘은 개인정보 보호 차원에서 담임선생님 번호를 알려주지 않기도 합니다. '밤이 늦었는데 어쩌지?', '누구한테 물어봐야 하지?' 싶어 밤새 고민하실 수 있습니다.

담임선생님께 미리 개인적으로 연락하지 못했다고 해서 걱정하거나 답답해하지 않으셔도 됩니다. 유치원이나 어린이집에 다닐 때도 담임선생님의 개인 연락처가 아니어도 긴밀하게 연락하셨죠? 키즈노트 같은 온라인 연락 체계가 학교에도 있습니다. 그래서 갑작스럽게 결석을 하거나 부득이하게 지각을 하게 될 경우 학교로 전화하시면 교무실에서 메모를 남겨 빠른 시간 안에 담임선생님께 전달해 드립니다. 그리고 갑작스러운 일이 아니라면 서면 알림장 혹은 온라인 알림장(관련 프로그램 및 플랫폼은 학교마다 다름)을 통해 연락해도 전혀 무례한 일이 아닙니다. 간단한 문의라면 서면을 통해 답변 안내가 올 것이고, 복잡하거나 긴 문의라면 전화를 통해 안내해 주실 겁니다.

교외 체험 학습, 어떻게 하면 되나요?

　교외 체험 학습은 가족 여행을 가거나 학교 밖에서 체험관 또는 박물관 등의 외부 시설 및 기관에서 체험, 견학을 한 경우도 학습으로 인정해 주는 제도입니다. 학교 밖 체험을 학습으로 인정해 주는 제도인 만큼 사전에 계획서를 제출하여 학교장의 허가를 받아야 합니다. 물론 체험 후에는 보고서를 제출해야 합니다. 신청서와 계획서는 학교 홈페이지에서 다운받아 사용할 수 있습니다. 어느 수준으로 써야 하는지, 분량은 얼마나 써야 하는지 궁금하실 텐데요. 보고서는 1~2쪽이면 충분합니다. 체험 사진과 체험을 통해 아이가 얻은 생각과 느낌을 아이 손으로 직접 쓰게 하면 1페이지는 너끈히 채워집니다. 편의상 부모님이 대신 적어 제출하는 경우가 많은데 짧은 한 문장이라도 아이의 손으로 직접 쓰게 한다면 체험의 보람이 더욱 커질 수 있습니다.

현 장 체 험 학 습 신 청 서

결재	담임	교감	교감	교장

인적사항	성 명		(남·여)	학년반	1학년 반
	주 소			전 화	

기 간	년 월 일 ~ 년 월 일 (일간)
장 소	
학습계획	

위와 같이 현장 체험 학습을 신청하오니 허락하여 주시기 바랍니다.

20   .   .   .

학 생
학부모   (인)

로그인초등학교장 귀하

현 장 체 험 학 습 결 과 보 고 서

인 적 사 항	성 명		(남 · 여)	학년반	1학년 반
	주 소			전 화	
체 험 학 습 일		년 월 일 ~ 년 월 일 (일간)			
학습한 내용					

위와 같이 현장 체험 학습을 신청하오니 허락하여 주시기 바랍니다.

20   .   .   .

학 생
학부모   (인)

로그인초등학교장 귀하

2장

학교생활, 무엇이 중요할까요?
: 기본 생활습관 & 마음 다지기

즐거운 마음이 만드는
즐거운 학교생활

학교에 대한 긍정적인 말을 많이 해주세요

　예비 1학년 자녀를 둔 부모님들과의 상담 내용을 보면 걱정과 고민이 대부분입니다. 잘 적응할 거라 생각하시는 부모님들도 많지만 아이의 성격과 성향을 풀어내며 걱정하시는 부모님들이 훨씬 더 많습니다. 그런데 아이의 개인적인 성향이나 성격과 별개로 아이의 적응에 가장 큰 영향을 미치는 것은 학교에 대한 부모님의 태도와 언어 습관입니다. 초등학교어 대한 부모님의 표현이 자녀의 무의식에 반영되어 입학에 대한 기대로 작용할 수도 있고 불안으로 작용할 수도 있습니다. 그러니 가능하면 가정에서 학교에 대한 긍정적인 표현을 많이 해주십시오. 그래야 우리 아이들이 학교에 대한 좋은 첫인상을 갖게 됩니다.
　호기심과 기대감 가득한 눈을 반짝반짝 빛내는 1학년 아이들은 첫날부터 흥분을 감추지 못합니다. 신나서 부모님 손을 놓고 담임선생님께 달려와 먼저 자기소개를 하는 적극적인 아이도 있고, 수줍은 표정으로 옆 친구에게 말을 거는 친구도 있습니다. 우리 아이들이 공통적으로 가장 많이 하는 말은 "학교 오면 재미있는 거 많이 한대요!" "1학년이 되면 학교에서 친구들이랑 놀 수 있다고 했어요!"처럼 긍정적인 표현들입니다. 가정에서 엄마 아빠가 초등학교에 대한 기대감을 심어주었기 때문에 입학을 준비하는 과정에서 움튼 설렘이 입학식 때 만개하는 것이지요. 이렇게 학교는 재미있는 곳, 친구들과 재미있게 노는 곳이라고 인식한 친구들은 교실에서 이루어지는 모든 활동에 즐겁게 반응하고 적극적으로 참여하기 때문에 그만큼 적응 속도도 빠릅니다.

매일 조금씩 적응해 가고 있으니 기다려 주세요

반대로 학교 정문에 들어설 때부터 얼굴이 어둡고 경직된 아이들도 있습니다. 정문에 들어서자마자 울거나 말 한마디 하지 않고 가만히 있는 바람에 엄마 아빠를 당황하게 만들기도 하지요. 새로운 곳에 적응하는 데 시간이 걸리는 것은 당연합니다. 내성적인 성격이라도 시간이 지나면 자연스럽게 학교생활을 즐길 수 있으니 크게 걱정하지 않으셔도 됩니다.

그런데 시간이 흘러도 계속 학교에 오는 것을 싫어하거나 긴장하는 친구들이 버릇처럼 자주 하는 말이 있습니다. "초등학생이 되면 공부를 엄청 많이 한다고 했어요." "선생님, 숙제가 많은가요?" "시험 많이 보나요?" "엄마가 그러는데 선생님은 무서워서 말을 듣지 않으면 혼난대요.""초등학생은 ○○하면 안 된대요."처럼 대부분 부정적인 표현이지요. 입학하기 전에 가정 혹은 유치원에서 혼날 때 가장 많이 들었던 말이 "초등학교 가서 이렇게 하면(하지 않으면) 혼난다"였기 때문입니다. 학교가 이렇게 재미없고 규제와 억압으로 가득한 무서운 장소로 인식되면 그 생각을 바꾸기가 쉽지 않습니다. 자녀의 적응을 돕기 위해 한 말이 오히려 학교에 대한 두려움을 키우고 부정적인 인식을 심어줄 수 있다는 점을 기억하시고 학교에 대해서는 가급적이면 긍정적인 말을 해주시길 부탁드립니다.

학교 가는 걸 싫어하거나 부모님과 떨어지는 걸 힘들어하는, 즉 부모님과의 분리 불안을 느끼는 아이에게 가장 좋은 약은 시간입니다. 이럴 땐 담임선생님께 아이의 상황에 대해 말하고 가정에서 어떻게 지도해야 할지 물어보는 것도 방법입니다. 그러면 자녀에 대한 선생님의 이해도가 높아져 좀 더 적절한 도움을 줄 수 있습니다. 부모님과 선생님이 시간을 두고 협력하면 아이의 특성에 맞는 해결책을 찾을 수 있습니다.

아침 식사는 하루를 시작하는 영양제입니다

아침 식사는 활기찬 학교생활과 즐거운 하루를 시작하는 영양제입니다. 수업 중에 1학년 아이들이 가장 많이 하는 질문 가운데 하나가 "선생님, 밥 언제 먹어요?"입니다. 아침밥을 먹지 않고 등교해 배가 고픈 아이가 수업 중에 계속

배고픔을 호소하는 것이지요. 특히 오전에 체육 수업을 하거나 신체 활동을 한 날에는 더욱 힘들어합니다. 아침밥을 먹지 않고 등교하는 아이는 수업 시간에 집중하기도 어렵거니와 어떤 재미있는 활동을 해도 흥미를 느끼지 못합니다. 기운이 없어 수업 중에 책상 위에 엎드리거나 놀이 시간에 친구들과 놀지 않고 혼자 있는 경우도 많습니다.

친구들과 신나게 놀고 수업 시간에 적극적으로 참여하기 위해서는 아침밥을 먹고 등교하는 것이 중요합니다. 거창한 반찬이나 메뉴가 아니어도 됩니다. 밥을 준비할 시간이 부족하다면 빵이나 시리얼 등 아이가 간단하게 먹을 수 있는 음식도 괜찮습니다. 즐거운 하루를 위한 영양제인 아침밥, 잊지 말고 꼭 챙겨주세요.

내 마음과 감정 표현하기

내 몸 상태를 정확하게 얘기해요

자기 표현 역시 예비 1학년 부모님들이 걱정하는 문제 중에 하나입니다. '몸이 아픈데 부끄러워서 말을 못하는 건 아닐까?' '도움이 필요한데 선생님께 알리지 못하는 건 아닐까?' 가정에서 아이에게 꼭 말해 주세요. "집에서 엄마 아빠가 너를 지켜주듯 학교에서는 담임선생님이 너를 지켜주는 분이야. 그러니 문제가 생겼을 때는 꼭 선생님께 말씀 드려야 해.'

이렇게 해주시면 아이가 좀 더 편안한 마음으로 선생님께 이야기할 수 있습니다. 선생님 역시 아이들에게 본인의 상황에 대해 정확히 말해야 할 것을 아이들에게 주지시키며, 문제가 발생했을 때는 선생님께 바로 알리라고 당부합니다.

몸 상태가 좋지 않거나 아플 때는 아이도 선생님께 말해야 하지만 부모님께서 선생님께 먼저 연락을 하셔야 합니다. 1학년은 자기인지 능력이 아직 덜 발달한 상태라 자신이 아픈 것을 잘 모르거나 까먹고 선생님께 말하지 않는 경우가 많습니다. 놀이에 참여하거나 친구들과 어울리는 과정에서 아픈 것을 잊는 경우도 많습니다. 실제로 자녀가 배탈이 났는데 부모님께서 선생님께 연락하는 것을 깜빡하고 그냥 학교에 보낸 적이 있습니다. 공교롭게도 학생 역시 선생님께 아프다고 말하는 것을 까먹었습니다. 이 아이는 막상 등교하니 몸이 괜찮은 듯하여 수업도 잘 듣고 쉬는 시간에도 친구들과 재미있게 어울렸습니다. 선생님께서 배가 아픈 친구는 우유를 먹지 말라고 했지만 괜찮다는 생각이 들어 우유도 마셨지요. 결국 배탈이 더 심해졌고, 아이는 급히 화장실을 향해 달려갔지만 바지에 큰일을 보고 말았습니다. 남의 일이라고 생각되시지요? 그런데 생각보다 이런 일이 자주 발생합니다. 아이의 컨디션을 알아야 선생님이 상황에 맞게 이해하고 도와줄 수 있습니다. 그러니 몸 상태가 좋지 않을 때는 반드시 선생님께 미리 알려주세요.

내 감정을 정확하게 말해요

학교는 작은 사회입니다. 그렇다 보니 친구들과 지내는 과정에서 크고 작은 갈등이 발생할 수 있습니다. 친구 때문에 속상하거나 기분이 나쁜 경우에는 선생님께 이야기하면 됩니다. 갈등을 푸는 과정에서 인간관계 능력이 향상되고 사회화가 이루어지지요.

그런데 속상한 일이 있어도 선생님께 이야기하지 않고 마음속에 꽁꽁 담아두는 아이가 있습니다. 이런 일이 반복되거나 시간이 지나면 감정의 골이 깊어져 문제가 더 심각해지고 해결하기도 어려워집니다. 1학년 때 있었던 일로 감정이 쌓이고 쌓여 고학년에 이르러 폭발하는 경우도 종종 있습니다. 자신의 마음과 감정을 표현하는 것은 정말 중요합니다. 그래서 학교에서도 감정 카드, i-메시지, 비폭력 대화법 등을 활용해 자신의 생각과 감정을 표현하는 것을 연습하고 격려합니다. 가정에서도 함께 연습하면 더 큰 효과를 볼 수 있습니다. 다음에 나오는 방법을 따라 감정 표현 연습을 해보세요.

감정 어휘 활용하기

아이의 눈높이에 맞게 감정을 설명하고 인지할 수 있도록 도와주는 책과 카드가 시중에 많이 나와 있습니다. 1학년은 아직 자신이 느끼는 감정의 정체를 잘 모르는 시기이기 때문에 막연하게 '좋다', '나쁘다', '화가 난다', '신난다' 정도의 한정된 어휘로 감정을 표현하거나 감정을 표현하는 것 자체를 어려워합니다.

어떤 감정이 있는지를 알아야 자신의 감정을 스스로 인지하고 표현할 수 있습니다. 자녀와 함께 감정 동화를 읽고 아이가 언제 이런 감정을 느꼈는지, 학교에서 있었던 특정 상황이나 사건을 통해 느낀 감정은 무엇이었는지 등을 물어보세요. 이렇게 하는 과정에서 아이가 자신의 감정을 말로 표현할 수 있습니다.

감정 카드 사용하기

　자녀가 학교에서 있었던 일이나 감정을 잘 드러내지 않아 학교에서 잘 지내고 있는지 걱정하시는 부모님들이 있습니다. 이렇게 자신의 생각이나 감정을 이야기하는 것이 서툰 친구들은 감정 카드를 활용하면 더욱 효과적입니다. 방과후 오늘 하루 기분이 어땠는지 표현한 카드를 고르게 해보세요. 선택지가 있으면 상대적으로 편하게 자신의 감정을 표현할 수 있습니다. 처음에는 하나의 카드만 고르겠지만 익숙해지면 두 장 이상의 카드를 고르기도 할 것입니다. 아침에는 기분이 이랬는데 수업 시간에 이런 활동을 하면서 기분이 이렇게 변했다고 감정의 변화를 표현하면서 하루 일과도 정리할 수 있습니다. 카드를 매개체로 아이의 학교생활을 부모님이 좀 더 쉽게 확인할 수 있습니다.

· 감정 카드 ·

무서운	화나는	속상한	즐거운
감동스러운	피곤한	걱정스러운	괴로운

감정에 이름 붙이기

다양한 종류의 감정을 인지하고 표현하는 데 익숙해지면 감정에 나만의 이름을 붙이거나 그림으로 표현하면서 나만의 감정을 만드는 활동을 할 수 있습니다. 감정 카드를 직접 만드는 것도 가능하지요. 예를 들어 "기분이 좋다"를 강도에 따라 세 단계로 나누어 그냥 기분 좋을 때를 "친구랑 놀 때만큼 기분이 좋다", 조금 더 기분이 좋을 때를 "치킨을 먹을 때만큼 기분이 좋다", 가장 기분이 좋을 때를 "용돈을 받을 때만큼 기분이 좋다" 식으로 스스로 정하고 그림으로 표현하는 것입니다. 내 감정의 이유와 상태가 나타나기 때문에 아이가 자신의 마음을 스스로 인지하고 이해하는 데 큰 도움이 됩니다.

I-메시지 활용하기

감정을 인지한 뒤에는 자신의 감정을 건강하게 표현하는 i-메시지를 사용할 것을 추천합니다. i-메시지는 대화할 때 '나'를 주어로 나의 감정을 이야기하고 상대방이 느끼기에 공격적이지 않게 감정을 표현하는 방법입니다. 예를 들어 동생이랑 싸워서 엄마에게 잔소리를 들었을 때 "엄마는 왜 동생만 예뻐해? 동생이 잘못했는데 왜 나만 혼내?"라는 문장의 주어는 엄마입니다. 그렇다 보니 아이 자신의 진짜 감정이 전달되지 않고 엄마를 비난하는 것처럼 느껴지지요. 이 문장을 i-메시지로 바꾸면 이렇게 됩니다. "동생이랑 싸웠을 때 엄마가 내 이야기는 듣지 않고 동생 말만 들어서 속상해. 왜냐면 엄마가 내 말은 안 들어줘서 나를 사랑하지 않는 것처럼 느껴지기 때문이야. 앞으로는 내 이야기도 들어줬으면 좋겠어."

i-메시지를 사용하면 가정 내의 갈등을 푸는 데도 효과적이지만 학교에서 친구들과 건강한 감정 교류를 하는 데도 큰 도움이 됩니다. 1학년 아이에게는 이렇게 하는 것이 어려울 수밖에 없지만 부모님께서 i-메시지를 사용하시는 것을 보고 배우면 자연스럽게 활용할 수 있습니다. 예비 1학년 수준에서는 '나'를 주어로 사용하는 것만으로도 충분한 연습이 됩니다.

　하루 중 가장 좋았던 일과 가장 속상했던 일을 하나 골라 그때 느꼈던 감정을 i-메시지로 이야기해 보세요. 이 과정에서 긍정적인 감정은 물론 부정적인 감정도 받아들이게 되어 더 건강한 감정 표현을 하는 것이 가능해집니다. 부정적인 감정은 나쁜 거라고 생각해 긍정적인 것만 표현하는 아이들이 가끔 있습니다. 하지만 좋았던 일, 긍정적인 감정만 표현하면 속으로 삭힌 나쁜 감정이 곪아 나중에 더 크게 아플 수 있습니다. 지금부터 매일 긍정적인 감정과 부정적인 감정 하나씩을 표현하고 부모님이 모든 감정을 받아준다는 것을 알게 되면 더욱 마음이 건강하고 튼튼한 아이가 될 것입니다.

편안한 학교생활을 만들어주는 좋은 습관

선생님과 친구들에게 인사하기

유치원에서 초등학교로 학교급이 바뀌면서 학습 환경도 크게 변합니다. 초등학교는 유치원과 비슷하면서도 다른 부분이 많아 변화된 환경에 맞게 생활습관을 바꾸면 학교에 적응하기가 훨씬 쉬워집니다. 학교생활의 적응을 돕는 여러 가지 생활습관 가운데 첫 번째는 선생님과 친구들에게 인사하기입니다.

등교 시 조용히 교실 문을 열고 들어와 아무에게도 인사하지 않고 조용히 자기 자리로 가 앉는 아이들이 있습니다. 낯선 주변 사람들과 새로운 환경에 긴장해 선생님과 친구들에게 인사하는 것을 까먹거나 인사해야 한다는 것을 알면서도 하지 않는 것이지요. 유치원이나 어린이집에 다닐 때는 인사를 잘했는데 초등학생이 된 뒤 한 번 안 하기 시작하면서 계속 인사를 하지 않는 친구도 있습니다.

등교 인사는 선생님이 학생의 건강 상태와 마음 상태를 확인하고 대화를 통해 아이와 유대감을 형성하는 중요한 행위입니다. 반대로 말하면, 선생님과 인사하지 않고 바로 자기 자리로 가는 것은 서로간의 유대감을 형성하고 건강을 체크할 시간을 놓치는 것입니다.

대부분의 경우 담임선생님이 다가와 먼저 인사를 하고 말을 겁니다. 하지만 아이가 지각을 하거나 동시에 여러 명이 들어오는 경우 한 명 한 명 확인하기가 어렵습니다. 아침에 선생님과 인사하면서 자신의 기분이나 컨디션을 얘기하는 습관은 선생님을 도와주고 가까워지는 좋은 습관이라는 걸 아이에게 알려주세요. 또한 모두가 낯선 3월에는 서로 인사를 하는 것만으로도 금방 친구가 될 수 있습니다. 다른 유치원이나 어린이집에 다니다 온 처음 보는 친구에게 먼저 인사하는 것도 친구를 사귈 수 있는 좋은 방법입니다.

수업 시작 10분 전 교실에 도착하기

아이도 어른들과 마찬가지로 지각할 때 불안함을 느낍니다. 선생님이 웃으며 인사해 주어도 이미 수업이 시작된 교실 문을 열고 들어갈 때 느껴지는 친구들의 시선이 부담스럽기 때문입니다. 왜 늦었냐는 친구의 질문은 부담을 더욱 가중시키지요. 그렇다면 바람직한 등교 시간은 언제일까요?

3월 초에 배부되는 시간표에는 등교 시간도 함께 기재되어 있습니다. 지역

시정표		
1교시	09:00	09:40
2교시	09:50	10:30
중간 놀이	10:30	10:50
3교시	10:50	11:30
4교시	11:40	12:20
점심 시간	12:20	13:10
5교시	13:10	13:50

과 교육청마다 상황이 다를 수 있으니 자녀가 다니는 학교에서 안내한 시간에 가는 것이 가장 좋습니다. 안내한 시간보다 너무 일찍 등교할 경우 교통사고 위험은 물론 인적이 드물기 때문에 위험한 상황에 처할 수 있습니다. 일찍 등교하는 것이 부지런함으로 인식되던 시대는 지났습니다. 등교하는 학생들이 많은 시간에 움직이는 것이 가장 안전합니다.

모든 것을 종합해 볼 때, 학교에 도착하는 시간은 수업 시간 10~15분 전이 가장 좋습니다. 화장실에 다녀오고, 수업을 준비하고, 친구들과 인사를 나눌 시간을 감안한 시간입니다. 만약 9시에 1교시가 시작된다면 8시 45분에서 50분 사이에는 학교에 도착해 자리에 앉아 있어야 친구들과 인사도 나누고, 화장실에도 다녀온 뒤에 여유 있게 하루를 시작할 수 있습니다.

수업 시간 동안 의자에 앉고
교실과 학교 밖으로 나가지 않기

유치원이나 어린이집에서와 달리 40분이라는 시간 동안 한 자리에 앉아 있는 것이 1학년 학생들에게는 어려운 일일 수 있습니다. 3월 한 달 동안 1학년 담임선생님들의 목표가 '의자에 앉아 수업하기'라는 말이 있을 정도로 선생님들도 아이들의 상황을 이해하고 앉아 있는 것에 적응할 수 있도록 충분한 시간을 들입니다.

다행히도 대부분의 친구들이 의자에 앉아서 수업에 참여하는 것에 금방 적응합니다. 하지만 종종 교실 안을 돌아다니거나 친구들에게 말을 건네는 아이도 있습니다. 자리에서 일어나 움직일 경우 다른 친구들의 학습을 방해하기 때문에 선생님 입장에서는 그 아이를 지도할 수밖에 없습니다. 1학년 아이들은 규칙을 지키는 것을 중요하게 생각하기 때문에 수업 중에 교실을 돌아다니는 친구를 나쁜 행동을 하는 아이 또는 나를 방해하는 아이라고 생각해 친해지지 않으려고 하므로 원만한 교우 관계를 위해서라도 지도해야만 합니다. 심지어 선생님 몰래 혹은 화장실에 간다고 한 뒤 교실을 벗어나 학교를 배회하거나 몰래 집으로 가는 친구도 있습니다. 아무도 모르게 학교를 벗어나 혼자 집으로 가는 것은 매우 위험한 상황입니다. 그러니 입학 전에 부모님께서 확실히 알려주셔야 합니다. 선생님께 말하지 않고 교실이나 학교 밖을 나오는 것은 매우 위험한 일이라고 말입니다. 그리고 혹시라도 아이가 수업 중에 집에 왔다면 선생님께 바로 연락해 주셔야 합니다.

숙제하기, 준비물 챙기기, 가정통신문 회신하기

선생님이 숙제나 가정통신문을 제출하라고 했을 때 가져오지 않은 아이들은 크게 긴장합니다. 선생님이 괜찮다고, 내일 가져오면 된다고 해도 자신이 잘못했다고 생각하지요. 이제 초등학생이 되었으니 스스로 숙제를 하고, 준비물을 챙기고, 가정통신문을 챙기는 습관을 들여야 합니다. 하지만 그보다 중요한 것은, 1학년은 아직 부모님의 도움이 필요한 시기라는 사실입니다. 그러니 부모님께서 함께해 주십시오. 매일 가방 정리를 하고 알림장을 보면서 숙제, 준비물, 가정통신문 회신(서명)을 챙기는 습관을 들이면 머지않아 혼자서도 할 수 있게 될 것입니다.

학교생활의 꽃,
급식

급식, 학교생활이 기대되는 이유

"선생님, 오늘 점심에 무슨 반찬 나와요?"

아이들이 등교하면서부터 점심 시간 전까지 가장 많이 하는 질문입니다. 그날의 점심 메뉴에 따라 최고의 하루가 되기도 하고 별로 기대되지 않는 하루가 되기도 하지요. 1학년 학생들에게 초등학생이 되어서 가장 좋은 점이 뭐냐고 물어보면 "급식이 맛있어요."라고 하는 아이들이 많습니다. 학부모 상담을 할 때도 "우리 아이는 밥 먹으러 학교 간대요."라고 하시는 분들이 많고요. 그만큼 급식은 아이들의 주요 관심사입니다.

초등학교에 입학하면 가정통신문을 통해 매달 해당 월의 식단표가 안내됩니다. 학교 홈페이지를 통해 매일매일의 급식 사진이 올라오고, 알림장 앱을

· 식단표 예시 ·

2021년 3월 친환경 무상급식 안내

3월 1일(월)	3월 2일(화)	3월 3일(수)	3월 4일(목)	3월 5일(금)
삼일절	찰옥수수밥 돼지고기김치찌개 생선커틀렛&드레싱 잡채(쇠고기) 오이부추김치	차조밥 한우사골조랭이떡국 새송이메추리알장조림 오이무침 배추겉절이 멜론	기장밥 육개장 오징어브로컬리숙회 수제야채피자 깍두기	차수수밥 황기닭곰탕 쇠고기두부양념구이 베이컨감자채볶음 석박지 망고맛요구르트
3월 8일(월)	3월 9일(화)	3월 10일(수)	3월 11일(목)	3월 12일(금)
보리밥 쇠고기미역국 주꾸미떡볶음 수제연근튀김 배추김치 대추방울토마토	국수장국(유부) 코다리강정 숙주미나리무침 양념배추김치 바나나	차조밥 우거지된장국 훈제오리야채볶음 들깨고구마줄기볶음 배추김치 수박	흑미밥 어묵국 돼지고기고추장불고기 멸치견과볶음 백김치 멜론	기장밥 오징어무국 프라이드치킨 콩나물무침 배추김치 파인애플

우리 학교 영양 기준량(주간 평균 필요량 기준)
열량 563.55kcal / 단백질 10.35g / 칼슘 184.73g / 철분 2.76mg

통해서는 식단표가 공개되지요.

좋아하는 음식이 언제 나오는지 또 좋아하지 않는 음식이 언제 나오는지 가정에서 아이와 함께 식단표를 보면서 미리 확인해 보세요. 편식하는 음식이 나오는 날에는 한 입만 먹어보기 약속을 통해 아이의 식사 습관을 고치기 위한 노력도 함께해 보시고요. 이렇게 하는 과정에서 급식에 대한 기대가 높아집니다.

알레르기 음식, 미리 알려주세요

알레르기 있는 음식이 나오는 날에는 아이 스스로 인지하고 음식을 피할 수 있게 지도해 주셔야 합니다. 약한 증상이라면 다행이지만 심할 경우 목이 붓거나 기도를 막아 생명을 위협할 수도 있는 상황이 발생합니다. 입학 초에 알레르기 음식을 조사하고, 학생건강상태조사서를 통해 알레르기 여부를 묻고 있지만 간혹 사고가 발생하기도 합니다. 그러니 알레르기 음식과 관련해서는 반드시 자세한 내용을 기재하고, 담임선생님께 별도로 알려주셔야 합니다. 선생님이 알고 있는 것과 별개로 자녀가 스스로 식단표를 보고 자신이 먹어도 되는지 확인하는 것을 통해 '내 몸은 내가 지킨다'는 생각을 갖게 도와주세요.

식습관 개선, 가정과 학교가 함께 노력해요

요즘 1학년 급식 지도는 예전처럼 모든 음식을 먹으라고 하는 분위기는 아닙니다. 학교라는 새로운 공간에 적응해야 하는 1학년의 경우 억지로 음식을 먹다가 체하거나 토하는 경우가 종종 생기기 때문이지요. 그렇다 보니 먹고 싶은 만큼 또는 먹을 수 있을 만큼만 먹으라고 지도하는 추세입니다. 다만 반찬 없이 밥만 먹는다거나 밥 없이 반찬만 먹는다거나 식사량이 지나치게 적은 경우에는 선생님이 부모님께 연락을 드려 아이의 식습관에 대해 물어볼 수 있습니다. 아이의 식습관을 가장 잘 알고 있는 만큼 부모님은 자녀의 식습관에 대해 자세히 설명하고 선생님과 협력하여 식습관을 개선하기 위해 노력하는 것이 좋습니다. 간혹 "초등학생은 밥을 남기면 안 돼." "편식하면 선생님께 혼나."와 같은 표현을 하는 부모님들이 있습니다. 이렇게 할 경우 아이가 급식에 대한 부담을 느껴 억지로 먹다가 토하거나 체할 수 있으니 부담을 주는 표현은 자제해 주시길 부탁드립니다.

또 대부분의 학교가 1학년부터 6학년까지 같은 메뉴를 먹기 때문에 1학년 학생들에겐 지나치게 맵거나 간이 세게 느껴질 수 있습니다. 그래서 매운 맛에 익숙하지 않은 아이의 경우 급식 시간을 힘들어하거나 밥만 먹고 하교하는 일이 발생할 수도 있지요. 1학년 입맛에만 맞출 수 없는 만큼 가정에서 김치나 매운 음식을 먹는 연습을 하는 것도 방법입니다.

점심 시간을 지키는 것도 약속이에요

점심 시간에 맞춰 식사하는 습관을 들이는 것도 중요합니다. 학교 상황에 따라 조금씩 다르지만 대부분 30분 안에 식판에 밥을 받고 자리로 이동하여 먹고 정리하는 모든 과정이 이루어집니다. 3월에는 1학년 학생들이 급식에 적응할 수 있도록 식사 시간이 길지만 점점 줄어들어 적응 기간이 끝나면 점심 식사 시간이 정상화됩니다.

또 점심 식사 후 5교시가 시작되기 전 화장실을 가고 친구들과 놀 수 있는 시간이 있는데, 점심을 너무 오래 먹거나 밥 먹는 속도가 느린 아이는 이 시간이 줄어들어 친구와 놀 시간이 짧아집니다. 선생님이 천천히 먹어도 된다고 말해도 아직 감정 표현이 서툴고 친구와 놀고 싶은 마음이 큰 1학년으로선 마음이 불편할 수밖에 없습니다. 꼭꼭 씹어 천천히 먹는 좋은 습관 때문에 식사 시간이 긴 아이도 있지만 밥 먹는 시간이 긴 아이의 대부분은 다른 친구들을 쳐다보거나 말을 많이 하거나 돌아다니거나 밥을 먹지 않고 멍하게 있기 때문에 친구들과 비슷한 속도로 식사하는 연습이 필요합니다. 식사 시간에는 밥 먹는 데 집중하는 연습을 가정에서 해보는 것도 도움이 됩니다. 집에서 20분 안에 밥 먹는 연습을 하면 학교에서 30분 안에 급식을 먹는 것이 쉬워집니다.

올바른
화장실 사용설명서

쉬는 시간엔 꼭 화장실에 가요

입학하면 가장 먼저 화장실 사용법을 배웁니다. 줄을 서서 차례에 맞게 사용하고, 용변을 본 뒤에는 물을 내리고, 손을 씻고 나오는 일련의 과정이자 에티켓이지요. 우리 아이는 아니라고 생각하시겠지만 용변을 보고 물 내리는 것을 깜빡하는 아이들이 의외로 많습니다. 쉬는 시간에 놀다가 수업 시간이 되어 화장실에 가는 바람에 수업에 집중하지 못하는 아이들도 많습니다. 쉬는 시간에 화장실에 가는 습관을 들이면 수업 시간에 집중도가 높아집니다.

물론 모든 아이들이 이런 습관을 가지는 것은 쉽지 않습니다. 친구들과 노는 것이 재미있어서 쉬는 시간에 화장실 가는 것을 깜빡하는 것은 1학년에겐 흔한 일입니다. 그러다 보면 수업 중에 화장실에 가야 하는 상황이 생기는데,

이때는 조용히 손을 들어 선생님께 말하면 됩니다. 혹은 학급에 따라 화장실을 가고 싶다는 수신호를 정해 놓은 경우도 있습니다.

화장실은 보통 교실이 있는 층의 가운데 혹은 끝에 있습니다. 작고 알록달록한 유치원 화장실의 변기와 달리 초등학교 화장실의 변기는 일반 가정에서 볼 수 있는 표준 크기에 단색으로 이루어져 있습니다. 좌변기가 아닌 화변기에, 자신의 키보다 큰 남성 소변기에 깜짝 놀라는 아이들도 많습니다. 세면대 역시 유치원에서 보던 것과 형태가 달라 화장실에 대한 낯설음과 두려움을 가중시키기도 합니다. 물론 학교에서도 이에 대해 충분히 이야기를 나누지만 집에서도 이러한 차이점을 미리 알려주시면 아이가 편안하게 화장실을 이용할 수 있을 것입니다.

똥, 똥, 똥… 이렇게 재미있는 '똥'이라니

1학년 아이들이 가장 좋아하고 큰 흥미를 보이는 단어는 '똥'입니다. 그래서 변기에 똥이 있으면 1학년 전체가 신이 나서 화장실로 구경을 하러 달려갑니다. 남자 화장실에 똥이 있으면 1학년 남자 아이들 모두가 구경을 하러 가는 것을 넘어 '똥 소식'을 널리 알리는 웃지 못할 일도 발생하곤 합니다. 여자 아이들도 마찬가지입니다. 호기심을 참지 못하고 남자 화장실 앞을 기웃거립니다. 선생님이 출동해서 물을 내리고 아이들을 교실로 돌려보내도 그날 하루는 똥 얘기가 끊이지 않습니다.

과연 똥의 주인이 누구인지도 무척 궁금해합니다. 최악의 경우 용변을 본 뒤 물을 내리지 않고 나오다가 밖에 있던 친구에게 목격 당해 놀림을 받을 수도 있습니다. 용변을 보는 것은 아주 자연스러운 일이라고, 우리 모두가 하는 일이니 놀릴 일이 아니라고 지도를 해도 내 용변을 친구가 목격했다는 사실에 아이가 마음의 상처를 받을 수 있습니다. 심한 경우 트라우마가 생길 수도 있으니 가정에서 용변 후 물 내리기 연습을 통해 만약의 사태를 막을 수 있게 해 주십시오.

스스로 뒤처리하는 습관을 들여요

용변 후 깔끔하게 뒤처리를 하는 것도 중요합니다. 대부분의 아이들이 스스로 뒤처리를 하는 것이 가능하지만 어려워하는 아이도 있기 때문에 뒤처리 방법을 교육합니다. 혼자 뒤처리를 하지 못해 학교 화장실을 사용하지 못하는 아이가 용변을 참다가 교실에서 큰일을 치루는 일이 매년 발생합니다. 교실에서 용변을 볼 경우 다른 친구들이 놀리지 않아도 아이는 수치심을 느끼고 마음의 상처를 입을 수밖에 없습니다. 그러니 아이가 용변 후 뒤처리하는 것이 서툴다면 가정에서 연습해 주실 것을 권합니다.

이와 함께 《마법사 똥맨》이라는 동화를 추천합니다. 똥 닦는 방법을 단계별로 자세하고 재미있게 설명하고 있는 책으로, 아이들이 거부감 없이 뒤처리하는 방법을 깨우치게 합니다. 가정에서 스스로 용변 닦는 연습을 해서 익숙해지면 학교 화장실을 사용하는 어려움이 줄어들 것입니다.

    또 한 가지, 화장실 교육과 함께 빠지지 않는 것이 성교육입니다. 화장실 칸에 여러 명이 함께 들어갔다가 서로의 속옷이나 신체를 보고 성적 수치심을 느껴 학교 폭력으로 이어지는 안타까운 경우가 있습니다. 그러니 친구와 함께 화장실을 가더라도 반드시 혼자 들어가고, 친구는 문 앞에서 기다려야 한다고 교육합니다. 간혹 화장실 문이 제대로 잠기지 않아 실수로 안에 있는 친구의 신체를 보는 경우가 생기기도 합니다. 그러니 문이 잠겨 있더라도 화장실 문을 열기 전에는 노크를 하고, 화장실을 사용할 때는 문을 꼭 잠가야 합니다. 실수로 친구의 신체나 속옷을 보게 됐을 땐 바로 문을 닫은 뒤 나중에 미안하다고 사과하면 된다고 알려주세요.

혼자 할 수 있으면
자신감이 쑥쑥

소근육 훈련

학교에서 이루어지는 학습과 일상생활에서 1학년 학생들이 가장 많이 하지만 어려워하는 활동들이 있습니다. 이 활동들을 혼자 할 수 있으면 초등 생활의 어려움이 확 줄어들면서 학교가 친근한 공간이 됩니다. 숙달되면 소근육, 대근육 발달은 물론 서툰 친구들을 도와줄 수 있는 여유도 생긴답니다.

입학 초기 적응 활동 기간에는 스프링이 달린 종합장에 색연필로 선을 긋거나 글씨를 쓰거나 종이 접기한 것을 붙이는 활동을 반복적으로 합니다. 이는 소근육 발달 훈련으로, 2주에서 한 달에 걸쳐 진행됩니다. 특히 선 긋기와 색칠하기를 통해 손가락 근육에 힘이 붙어야 연필을 바르게 잡고 올바른 자형으로 글씨를 쓸 수 있습니다. 특히 가위질은 잘못하면 본인이 다치거나 친구를

선 긋기	직선, 곡선, 사선, 점선
가위질	선 따라 곧게 자르기, 곡선 자르기
풀칠하기	가장자리에 꼼꼼하게 풀칠하고 누르기
종이 접기	모서리끼리 만나게 접기, 삼각 접기, 사각 접기, 대문 접기, 아이스크림 접기
색칠하기	종이의 흰 부분이 보이지 않게 꼼꼼히 칠하기, 선 밖으로 튀어 나가지 않게 칠하기
양치하기	치약 짜서 3분간 양치 후 입 헹구기
단추 및 지퍼 잠그기	혼자 단추 잠그고 열기, 지퍼 올리고 내리기
열고 닫기	우유갑 입구 열기
어른용 젓가락 사용하기	어른용 젓가락으로 식사하기

다치게 할 수 있으므로 가위 날이 항상 내 몸 앞으로 향하게, 가위를 든 손은 고정하고 종이를 이동하며 자르는 것을 연습합니다. 1학년 교실에서는 미술 시간에 가위질을 하다 자기 머리카락이나 옷을 자르거나 손을 베는 일이 종종 발생합니다. 가정에서 자녀가 안전하게 가위질을 하는지 꼭 확인하고 가위날이 몸을 향하거나 눈에 가깝거나 허리를 구부정하게 숙이면 교정해 주십시오.

대근육 훈련

줄넘기	두 발 모아 뛰기, 한 발씩 번갈아가며 뛰기, 뒤로 뛰기
달리기	한 발 뛰기, 두 발 모아 뛰기

손으로 줄을 돌리면서 박자에 맞게 뛰는 줄넘기와 내가 보는 곳을 향해 뛰어가는 달리기는 협응력을 키워주는 아주 좋은 훈련입니다. 협응력이 낮은 아이의 경우 달려가다가 장애물을 보고도 피하지 못해 부상을 입을 수 있습니다.

1학년 때는 특히 달리기와 줄넘기를 많이 하기 때문에 입학 전에 줄넘기 연습을 해두면 체육 시간에 아이의 자신감이 크게 높아집니다. 대부분의 친구들은 3월에 이미 두 발 모아 뛰는 기본 줄넘기는 물론 한 발씩 뛰는 줄넘기도 잘합니다. 엑스자 줄넘기나 이단뛰기를 하는 친구들도 많아 입학 후 처음 줄넘기를 배우는 아이의 경우 위축되기도 합니다. 물론 선생님과 함께 연습하면 실력이 금방 늘지만 자녀가 완벽주의 성향이 있어 못하는 건 아예 하지 않으려고 하는 성격이라면 입학 전에 미리 연습해 두는 것이 좋습니다.

교실이라는 작은 사회

초등 입학은 사회생활의 시작입니다

교우 관계 역시 부모님들이 궁금해하는 부분 중 하나입니다. 처음 보는 얼굴이 많을 텐데 친구를 잘 사귈 수 있을까, 누구랑 놀까, 낯을 가리지는 않을까 등을 걱정하시지요.

초등학교 입학은 사회생활의 시작으로, 함께 지내야 하는 친구들 중에 나랑 잘 맞는 친구도 있고 맞지 않는 친구도 있다는 사실을 배우는 과정이기도 합니다. 즉 모든 면에서 아이와 잘 맞는 친구도 있겠지만 내 아이와 성향이 완전히 달라서 함께 노는 게 즐겁지 않은 친구도 있을 수 있습니다.

아이 입장에서도 모든 친구가 나와 똑같은 걸 좋아하지 않을 수 있다는 것을 깨달아야 합니다. 그것이 나쁜 것이 아니라 다른 것임을 받아들이기까지 시간이 걸릴 수도 있습니다. 친구가 나랑 놀고 싶어 하지 않는다고 해서 슬퍼할 필요가 없다고 말해 주세요. 재미있게 놀 수 있는 다른 친구가 많이 있으니까요. 반에는 다양한 개성과 색깔을 가진 아이들이 많습니다. 잘 맞는 친구를 찾는 과정이 금방 끝날 수도 있고 오래 걸릴 수도 있다는 사실을 아이에게 꼭 알려주시고 나와 잘 맞는 친구를 찾을 때까지 부모님께서 응원해 주세요. 또 이때 "○○이와 놀지 마."라고 하기보다는 "○○이가 불편한 행동을 할 때 불편하다고 솔직한 마음을 알려주자. 그래도 그 행동이 계속된다면 선생님이나 주변 어른들께 도움을 요청하면 돼."와 같은 대처 방안을 제시하는 것도 좋은 방법입니다.

우리 아이 모습이 낯설어요

"네? 우리 ○○이가요? 집에서는 전혀 안 그러는데요!?"

학부모 상담을 할 때 가장 많이 듣는 말 가운데 하나입니다. 아이가 가정에서 행동하는 모습과 학교에서 행동하는 모습이 닳이 다를 수 있습니다. 사회 생활을 하는 어른들이 회사에서의 모습과 가족 또는 친구와 있을 때 모습이 다른 것처럼요. 이는 매우 자연스러운 일입니다. 집에서는 마냥 아이 같은데 학교에서는 아주 어른스럽고 남을 배려하는 행동을 보이는 친구도 있고, 반대로 집에서는 잘했는데 학교에서는 부모님의 기대와 다르게 행동하는 아이도 많습니다.

가정에서의 모습과 학교에서의 모습이 다르다고 해서 놀라지 마세요. 그보다는 우리 아이가 왜 그렇게 행동하는지 자녀의 마음과 이유를 이해하는 것이 중요합니다.

우리 아이는 어떤 성향일까?

내 아이가 선호하는 친구 유형을 파악하는 것도 중요합니다. 타고난 성향에 따라 모든 학생들과 친구가 되고 싶어 할 수도 있고, 마음이 맞는 한두 명과만 친구가 될 수도 있기 때문입니다. 우리 아이는 친구들에게 자신의 생각과 감정을 표현하고 상호작용하는 것을 좋아하는 아이인가요? 아니면 말하는 것보다 듣는 것을 좋아하는 아이인가요? 친구들과 어울려 놀고 무언가를 함께 만드는 걸 좋아하나요? 아니면 혼자 책을 읽으며 자신만의 세계를 지키는 걸 좋아하나요? 아이마다 성향은 다 다릅니다. 하교 후 놀이터에서 친구들을 만나고 싶어 하는 아이일 수도 있고, 집에서 가족들과 쉬는 것을 더 좋아하는 아이일 수도 있습니다.

그런데 부모님과 자녀의 성향이 다를 경우, 특히 부모님은 외향적인데 아이는 내성적일 경우 부모님이 걱정이 큽니다. 부모님은 자녀의 교우 관계를 위해 아이에게 활동적인 놀이를 권하는 등 여러 시도를 하는데, 이는 오히려 자녀에게 부담을 줄 수 있습니다. 자신에게 문제가 있다는 생각에 자존감이 낮아질 수도 있으니 주의하셔야 합니다.

Q&A
학교생활, 이것이 궁금해요

생일 파티를 준비해야 하나요?

매달 생일 파티를 하고 생일을 맞은 친구에게 선물을 줘야 하는 어린이집이나 유치원과 달리 학교는 생일 파티를 하지 않습니다. 선생님으 교육 철학에 따라 생일을 챙기는 학급도 있지만 다함께 노래를 부르고 사진을 찍으며 축하할 뿐 모든 친구에게 생일 선물을 주는 문화는 없습니다.

생일을 맞은 주인공이 친구들에게 간식이나 선물을 돌리지도 않습니다. 또 초등학교는 위생상의 이유로 외부 음식을 반입하지 않고 있습니다. 과거에는 생일에 햄버거나 피자, 아이스크림 등의 간식을 돌리기도 했지만 식중독, 알레르기 등의 문제로 지금은 외부 음식 반입을 금하고 있습니다.

임원 선거는 어떻게 실시되나요?

1학년은 반장을 뽑는 임원 선거를 하지 않습니다. 학교에 따라 다르긴 하지만 대개 3학년 때부터 회장과 부회장을 뽑습니다. 심지어 요새는 회장, 부회장이 없는 학교도 많습니다.

휴대전화를 사달라고 하는 아이, 사줘야 할까요?

친구의 영향을 많이 받기 시작하는 이 시기에는 "○○는 엄마가 휴대폰을 사줬대요. 나도 사주세요." "다른 친구들은 용돈을 ○○원 받는대요. 나도 용돈을 올려주세요."처럼 비교하는 말을 많이 합니다. 이럴 때는 대화를 통해 결정하는 것이 가장 좋습니다. 이와 함께 집안 분위기와 환경이 다른 만큼 친구와 똑같을 수 없다는 것을 아이에게 알려주셔야 합니다.

스마트폰의 경우 어릴 때부터 전자기에 노출되는 것이 비교육적이고 분실 위험이 높아 사주고 싶지 않으실 겁니다. 게다가 부모님이 매일 등하교를 시키는 상황이라면 굳이 휴대전화가 필요하지 않습니다. 하지만 맞벌이 가정의 경우 언제든 연락할 수 있는 수단이 필요합니다. 그래서 저학년은 키즈폰이나 2G폰을 많이 사용하고, 고학년 때 스마트폰으로 갈아탑니다. 경우에 따라 1학년 때부터 스마트폰을 사주는 부모님도 계시는데, 학교마다 사용 규칙이 있으니 선생님 안내를 잘 따라야 합니다. 잃어버리지 않도록 가방 안에 잘 넣어두는 것은 기본이고, 수업 중에 전화나 알람이 울리지 않도록 무음 모드로 바꾸거나 꺼두어야 합니다. 스마트폰은 중독성이 있는 데다 사이버 학교 폭력 등의 문제를 유발할 수 있는 만큼 구매에 신중을 기해야 합니다.

우리 아이가 친구 이름을 외우지 못해요.

아이가 친구 이름을 모른다는 사실에 놀라는 부모님이 생각보다 많습니다. 친구가 없는 건 아닌지, 학교생활에 적응을 못하는 건 아닌지 걱정하는 분들도 정말 많고요. 특히 남자 아이의 부모님들에게서 이런 경향이 두드러집니다. 1학년은 매일 교실에서 얼굴을 보고 함께 놀아도 친구 이름을 아예 모르거나 잘못 아는 경우가 많습니다. 이름이 아닌 "야", "너" 등으로 부르기 때문이지요.

특히 성별이 다른 친구의 이름은 더 모릅니다. 함께 노는 것 같아 보여도 실제로는 혼자 노는 경우도 많습니다. 친구에게 편지 쓰기 활동을 해보면 유치원이나 어린이집에 다니며 알았던 친구가 아닌 이상 이름을 몰라 선생님께 친구 이름을 물어보거나 이름을 잘못 쓰는 일이 다반사입니다. 이런 경향은 3학년 때까지도 나타나니 우리 아이가 친구 이름을 모른다고 크게 걱정하지 마십시오.

3장

입학 전, 무엇을 공부하면 좋을까?
: 학습 준비하기

우리 아이, 무엇을 배우나요?

입학 초기 적응 활동

초등학교 1학년은 무엇을 배울까요? 먼저 교과서에 대해 설명 드리겠습니다. 초등학교 교과서는 초등 교육과정에 따라 만들어집니다. 현재는 2015 개정 교육과정에 따라 초등학교 교수 · 학습이 이루어지고 있습니다. 2015 개정 교육과정의 특징으로는 놀이하듯 공부하는 교육 환경 조성, 한글 교육 강화, 과정 중심 평가(다양한 평가 방법으로 학생을 지속적 관찰하고 학생에 따라 적합한 피드백 제공), 안전 교육 강화 등을 꼽을 수 있습니다. 이러한 교육과정의 특징을 반영하여 1학년은 교과(국어, 수학, 통합 교과)와 창의적 체험활동으로 수업이 이루어집니다. 교과서는 교과(국어, 수학, 통합 교과)와 창의적 체험활동에 포함되는 안전한 생활, 그리고 입학 초기 적응 활동까지 총 다섯 종류로 구성됩니다.

교과서	국어 / 수학 / 통합(봄, 여름, 가을, 겨울의 4권으로 분책)
	안전한 생활, 입학 초기 적응 활동(학교마다 상이함)

　창의적 체험활동에 포함되는 입학 초기 적응 활동은 3~4월에 집중적으로 이루어집니다. 교과서 명은 「우리들은 1학년」이나 「우리 학교가 좋아요」 등 학교마다 다릅니다. 자체 제작한 교재를 쓰기도 하고, 교재 없이 학습지를 이용하기도 합니다. 초등학교에 갓 입학한 학생들은 우리 반 교실, 복도, 화장실, 운동장, 보건실, 식당, 도서관, 특별 활동실 등 학교의 다양한 시설의 위치와 이용 방법에 대해 배웁니다. 기본 학습 태도 및 생활 습관, 교통 규칙 등 초등학교 생활을 하는 데 필요한 부분에 대해서도 익히지요. 즉 입학 초기에는 적응 활동 위주로 학교생활을 익히고, 점차 교과(국어, 수학, 통합 교과)와 다른 창의적 체험활동(안전한 생활, 자율 활동, 동아리 활동, 봉사 활동, 진로 활동)을 학습합니다.

· 전체 교과서 ·

국어

학기별로 『국어』 2권(국어㉮, 국어㉯), 『국어 활동』 1권으로 구성됩니다. 『국어』는 주 교과서이고, 『국어 활동』은 보조 교과서입니다. 『국어 활동』은 『국어』의 단원별 학습 내용과 연계해서 내용이 구성되어 있는데, 『국어』에서 학습한 내용을 스스로 점검하고 연습해 국어 능력을 내면화하고 습관화하도록 하는 교과서입니다. 따라서 『국어 활동』은 선생님의 수업 스타일에 따라 또는 단원의 성격에 따라, 학교와 교실의 상황에 따라 필요하면 수업 시간에 이용하기도 하고 자기 주도 학습으로 가정에서 학습해 오는 것으로 활용할 수도 있습니다. 영역별 자세한 내용은 이후 입학 전에 해두면 좋은 공부에서 안내합니다.

• 국어 가·나 / 국어 활동 •

수학

학기별로 주 교과서인 『수학』과 보조 교과서인 『수학 익힘』 총 2권으로 구성됩니다. 『수학』에서 개념을 익힌 뒤 『수학 익힘』을 통해 연습하게 됩니다. 『수학 익힘』은 『국어 활동』과 성격이 비슷하다고 볼 수 있는데, 차이가 있다면 『국어 활동』에 비해 『수학 익힘』은 매 차시마다 『수학』과 연결되어 있어서 가정에서 학습해 오는 것보다는 수업 시간에 이용하는 경우가 더 많습니다. 영역별 자세한 내용은 이후 입학 전에 해두면 좋은 공부에서 다시 한 번 안내하겠습니다.

• 수학 / 수학 익힘 •

통합 교과

1학기에는 『봄』『여름』, 2학기에는 『가을』『겨울』 총 4권으로 구성됩니다. 『봄』 교과서 소단원으로 '학교와 나', '봄'이, 『여름』 교과서 소단원으로 '가족', '여름'이 있습니다. 『가을』 교과서 소단원으로 '이웃', '가을'을, 『겨울』 교과서 소단원으로 '우리나라', '겨울'을 학습하게 됩니다.

통합 교과는 바른 생활(도덕), 슬기로운 생활(사회, 과학), 즐거운 생활(음악, 미술, 체육)을 융합한 교과입니다. 예를 들어 '봄'에 대해서 학습을 한다고 가정하

· 봄 / 여름 / 가을 / 겨울 ·

겠습니다. 이때 통합 교과에서는 바른 생활에 나오는 생명의 소중함, 슬기로운 생활에 나오는 씨앗과 씨앗의 자람, 즐거운 생활에 나오는 봄에 볼 수 있는 꽃과 동물 만들기를 학습하게 됩니다. 아이들의 실생활과 직접적으로 관련된 내용을 다루고 놀이와 체험을 중심으로 학습합니다.

안전한 생활

2015 개정 교육과정의 특징 중 하나로 초등학교 1,2학년에 『안전한 생활』 교과가 신설되었다는 점을 꼽을 수 있습니다. 크게 4가지 영역으로 내용이 구성됩니다. 생활 안전 영역에서는 학교, 가정, 사회에서의 안전에 대해 배우고, 교통 안전 영역에서는 보행자 안전, 자전거·자동차 안전 수칙에 대해 배웁니

· 안전한 생활 ·

다. 신변 안전 영역에서는 유괴·미아 사고 예방, 학교 폭력, 성폭력, 가정 폭력을 학습하고, 재난 안전 영역에서는 화재 예방과 대피, 자연 재난 발생 시 대처법에 대해 학습합니다.

1학년 아이들은 학교에서의 안전 생활(실내 활동 시 안전 규칙, 학용품 및 도구의 안전한 사용, 놀이 기구의 안전한 사용)과 같은 가장 기본적인 내용부터 보행자 안전(신호등과 교통 표지판, 골목에서 놀 때의 안전), 유괴·미아 사고 예방(낯선 사람의 접근에 대한 대처 방법, 미아가 되었을 시의 대처 방법), 자연 재난(지진, 황사, 미세먼지 대처 방법) 등을 배웁니다. 이러한 안전 내용은 갈수록 강조되고 있는지라 3~6학년 때는 창의적 체험활동 시간이나 다른 교과 시간을 통해 수시로 관련 내용을 학습하고 있습니다. 또한 알림장에도 꾸준히 안전 지도 문구를 넣어서 아이들이 안전하게 생활할 수 있도록 하고 있습니다.

학습의 기초,
독서 습관 잡기

학습의 기초, 독서

많은 학부모님들이 선생님은 공부 잘하는 아이를 좋아할 거라고 생각하실 겁니다. 하지만 그렇지 않습니다. 선생님들이 좋아하는 아이는 '예의 바른 어린이', '긍정적인 마음가짐으로 열심히 하려고 노력하는 어린이'입니다. 교사 입장에서는 아이가 공부를 잘하면 가르치는 재미가 있습니다. 상대적으로 실력이 약한 아이는 가르치는 보람이 있습니다. 지금 현재 공부를 잘하느냐, 못하느냐는 중요하지 않습니다. 꾸준히 발전하는 것이 중요합니다. 발전하기 위해서 가장 기본적으로 갖춰야 할 소양은 바른 태도입니다. 바른 태도라 함은 기초 학습 습관이 잘 잡힌 상태를 말합니다. 공부의 기초는 학습 습관을 잡는 데 있고, 학습 습관의 기초는 독서 습관에 있습니다.

읽기 독립

초등학교에 입학하기 전, 그리고 1학년 때 꼭 해야 할 것을 하나만 고르라고 한다면 '독서'를 꼽겠습니다. 그만큼 독서가 중요하다는 의미입니다. 아이를 둘러싼 독서 환경이 풍부하면 한글을 접할 기회가 많고, 한글을 떼는 과정도 훨씬 수월합니다. 이 시기는 한글이 익숙한 아이와 익숙하지 않은 아이를 불문하고 부모님이 아이에게 책을 읽어주는 것이 중요합니다. 7~8세쯤 되면 읽기 독립을 해도 되냐는 질문을 하는 부모님들이 많습니다. 읽기 독립은 부모가 아이에게 더 이상 책을 읽어주지 않아도 된다는 의미가 아닙니다. 초등 저학년의 경우 부모님이 책을 읽어줄 때 글에 더 친숙해지고, 사고력이 깊어지며, 책에 대한 흥미와 호기심도 커집니다. 그러니 아이가 한글을 뗐다고 해서 책 읽어주기를 멈추지 마세요. 아이 혼자 독서를 하는 것보다는 아이 스스로 읽는 시간을 갖는 동시에 부모님이 책을 읽어주시는 것이 좋습니다.

낭독

이 시기 독서를 할 때는 짧은 동시를 함께 읽어 보는 것이 좋습니다. 아이와 부모가 한 문장씩 번갈아 읽고, 외워서 말해 볼 수 있습니다. 그림책이나 동화책을 읽을 때는 낭독이 중요합니다.

낭독은 손가락으로 글자를 가리키며 또박또박 소리 내어 읽는 방법입니다.

아이가 책을 대충 빠른 시간에 읽고는 다 읽었다고 하는 경우가 있을 것입니다. 이때 책의 내용을 잘 이해하고 있는지 궁금하다면 질문을 통해 확인할 필요가 있습니다. 아이가 잘 이해하고 있지 못하다는 판단이 든다면 낭독을 통해 책을 차근차근 제대로 바르게 읽는 습관을 들여주셔야 합니다. 책의 내용을 잘 이해하고 있다면 지금 읽는 책의 수준이 쉽다는 뜻이니 조금 더 어려운 책을 읽게 해도 좋습니다. 읽는 방법에 따른 이해도 차이를 살펴보면 청독의 경우 30%, 묵독의 경우 50%이며 낭독의 경우 80%라고 합니다. 속독보다 중요한 것이 제대로 읽는 정독입니다. 낭독을 통해 정독하는 습관을 기를 수 있습니다.

독후 활동

독서 후에는 책과 관련된 놀이, 작품 만들기, 미술관·박물관 관람, 여행 등의 다양한 독후 활동을 할 수 있습니다. 독후 활동은 한마디로 책의 내용과 관련된 모든 활동입니다. 독후 활동은 책의 내용에 대한 이해력, 기억력, 상상력, 창의력을 키우는 데 도움이 됩니다.

다양한 독후 활동 가운데서도 특히 책 놀이는 아이의 호기심을 높이고 새로운 것에 대한 흥미를 높여주어 독서 습관을 기르는 데 큰 도움이 됩니다. 40분 수업 시간에 맞춰 일정 시간 동안 돌아다니지 않고 앉아서 집중하는 연습을 할 때도 독서를 이용하면 효과적입니다.

· 책 놀이 예시 ·

『소금을 만드는 맷돌』 이야기를 읽고

· 국어 놀이
: 이야기에서 기억에 남는 네 장면을 뽑습니다. 도화지를 2번(4등분) 접었다 폅니다. 도화지에 네 장면을 간단하게 그린 뒤 각 장면에 해당하는 내용을 1~3문장으로 표현합니다. 이렇게 줄거리를 요약한 책 만들기를 할 수 있습니다.

· 미술 놀이
: 목공용 풀을 이용해 도화지에 스케치를 합니다. 소금을 스케치 위에 솔솔 뿌린 뒤 깨끗하게 털어 줍니다. 붓에 수채용 물감을 묻혀 소금이 묻은 부분에 석을 칠하면 알록달록 예쁜 소금 그림이 완성됩니다.

· 과학 놀이
: 소금 밀도를 이용한 놀이도 가능합니다. 세 개의 컵을 준비하여 같은 양의 물을 넣은 뒤 각각 소금을 1스푼, 3스푼, 5스푼을 넣고 잘 저어서 소금물을 만듭니다. 그런 다음 각 컵에 서로 다른 색의 물감을 넣습니다. 긴 컵에 소금 5스푼을 넣은 물을 벽면을 따라 천천히 흘려 넣습니다. 차례대로 3스푼을 넣은 물, 1스푼을 넣은 물을 흘려 놓으면 세 개의 색으로 이뤄진 물이 완성됩니다.

· 요리 놀이
: 큰 지퍼백에 얼음과 소금을 3:1 비율로 담습니다. 작은 지퍼백에 주스를 넣고 입구를 꼭 닫은 다음 큰 지퍼백 안에 넣습니다. 큰 지퍼백의 입구를 꼭 닫은 뒤 열심히 흔들고 주물러 줍니다. 작은 지퍼백 속 주스가 시원한 슬러시로 변신합니다.

· 1학년 추천 도서 ·

교과서 수록 도서 목록		
도서명	지은이	출판사
숨바꼭질 ㄱㄴㄷ	김재영	현북스
표정으로 배우는 ㄱㄴㄷ	솔트앤페퍼 커뮤니케이션	애플비
동물 친구 ㄱㄴㄷ	김경미	웅진주니어
손으로 몸으로 ㄱㄴㄷ	전금하	문학동네
깊은 산속 옹달샘 누가 와서 먹나요	윤석중	예림당
어머니 무명 치마	김종상	창작과비평사
꿀 독에 빠진 여우	안선모	보물창고
책이 꼼지락 꼼지락	김성범	미래엠비
까르르 깔깔	이상교, 길고은이	미세기
발가락	이보나 흐미엘레프스카	논장
자전거 타고 로켓 타고	로렌스 리처드	키즈엠
그림자 극장: 그림자 놀이책 세계명작편	송경옥	북스토리아이
그림자 극장: 그림자 놀이책 전래동화편	송경옥	북스토리아이
숲속의 모자	유우정	아이세움
꼬리 이모 나랑 놀자	김정선	아이세움
구슬비	이준섭	문학동네
가을 운동회	임광희	사계절
딴생각하지 말고 귀 기울여 들어요	서보현, 손정현	상상스쿨
콩 한 알과 송아지	한해숙, 김주경	애플트리태일즈
도토리 삼 형제의 안녕하세요	이현주	길벗어린이
소금을 만드는 맷돌	권규헌	봄볕
나는 자라요	김희경, 염혜원	창비
내가 좋아하는 곡식	김시영	웅진주니어
별을 삼킨 괴물	민트래빗 플래닝	민트래빗
엄마 내가 할래요!	장선희, 박정섭	장영
초코파이 자전거(개정판)	신현림, 홍성지	비룡소
아빠가 아플 때	한라경, 이보라	리틀씨앤톡
내 마음의 동시 1학년	김양순	계림닷컴
역사를 바꾼 위대한 알갱이, 씨앗	서경석	미래아이

교과 연계 도서 목록		
도서명	지은이	출판사
떨어질까봐 무서워	댄 샌탯	스콜라
동물들의 도시	호안 네그레스콜로르	논장
나는요,	김희경	여유당
장화 신은 늑대와 무적의 고양이 장군	엘 에마토크리티코	봄볕
변신 요가	홍미령	모래알
아빠 쉬는 날	차야다	북극곰
와글와글 머릿니가 돌아왔다	세브린느 뒤벤	도서출판 북멘토
어린이의 권리를 선언합니다!	반나 체르체나	봄볕
환상의 짝꿍	브라이언 콜리어	북극곰
궁금해! 나는 어떻게 태어났을까?	양승현	소원나무
너는 커서 뭐 될래?	임지형	노란상상
깡통차기	이시카와 에리코	봄개울
두뇌를 깨우는 5분 퀴즈 놀이	정명숙	북멘토
냥이의 이상한 하루	난주	파란자전거
비 오니까 참 좋다	오나리 유코	나는별
따르릉 할머니, 어디 가세요?	김유경	씨드북
나, 이사 갈 거야	아스트리드 린드그렌	논장
슬픔을 만난 개	루따 브리에게	봄볕
진정한 챔피언	파얌 에브라히미	모래알
오드리 헵번	마가렛 카딜로	도토리숲
이사도라 문, 큰 사고를 치다	해리엇 먼캐스터	을파소
아키시 2: 위험한 방학	마르그리트 가부에	샘터사
어린이를 위한 첫 세계사 - 그림책으로 보는 인류의 역사	캐서린 바아·스티브 윌리엄스	위즈덤하우스
이다의 꽃 - 꽃을 사랑하는 모두에게	한스 크리스티안 안데르센	머스트비
작은 병정과 발레리나 - 끝나지 않은 이야기	에바 몬타나리	머스트비
걱정 상자	조미자	봄개울
오줌싸개 시간표	윤석중	여유당
삶	신시아 라일런트	북극곰
할머니의 비행기	사토 사토루	논장
항아리산 너머 훌쩍 넘어	윤여림	천개의바람

도서명	지은이	출판사
다시 빨강 책: 끝없는 여행	바바라 리만	북극곰
물고기는 어디에나 있지	브리타 테큰트럽	보림
높은 산 깊은 바다	페이지 트소	보림
큰 탑 작은 별	페이지 트소	보림
우리 할아버지는 열다섯 살 소년병입니다	박혜선	위즈덤하우스
완벽해	맥스아마토	북극곰
고양이 여왕	엘리즈 퐁트나유	미래아이
너의 몸을 사랑하는 방법	제시카 샌더스	도서출판 북멘토
미로학원	은정	머스트비
뚝딱뚝딱 만들기 한국사 - 내 손으로 완성하는 역사 플랩북	바오, 마리	길벗스쿨
잠 못 드는 판다 여왕	수산나 이세른	북극곰
내 어깨 위의 새	시빌 들라크루아	소원나무
악어가 온다	진수경	봄개울
나는 어떻게 내가 됐을까? - 유전자로 배우는 생명의 신비	빅토르 쿠타르	키다리
이사도라 문, 생일 파티를 열다	해리엇 먼캐스터	을파소
코끼리	제니 데스몬드	고래뱃속
마법시장	이향안	현암주니어
뱅! 어느 날 점 하나가	이안 렌들러	청어람아이
아기는 어떻게 태어날까요? - 임신과 출산	프랑수아즈 로랑	노란돼지
바다야 미안해	조엘 하퍼	썬더키즈
형이 형인 까닭은	선안나	봄별
서랍 속 먼지 나라에 무슨 일이?!	남동윤	씨드북
거인이면 뭐 어때!	댄 야카리노	소원나무
말들이 사는 나라	윤여림	스콜라
그림책 읽는 고양이 소크라테스	야마구치 다오	스콜라
처음 배우는 3.1 운동과 임시 정부	박세영	도서출판 북멘토
이사도라 문, 발레 공연을 보다	해리엇 먼캐스터	을파소
마법사 안젤라와 꿈도둑 - 3단계	김우정	파란자전거
정말 멋진 날이야	김혜원	고래뱃속
봄멜의 첫 비행	브리타 사박, 마이테 켈리	시금치
오늘의 용기	사에구사 히로코	킨더랜드
반쪽 섬	이새미	소원나무

입학 전에 해두면 좋은 공부
① 한글

한글을 익혀두면 좋은 점

　2015 개정 교육과정에서는 1학년은 한글을 처음 배우고 익히는 단계이기 때문에 부담을 갖지 않아도 된다고 말합니다. 1학년 한글 교육에 일정 시간 이상을 충분히 할애하도록 되어 있다고 강조하기도 합니다. 하지만 아이에 따라 한글 습득의 차가 크므로 한글을 어느 정도 배운 상태에서 입학하는 것이 여러모로 수월합니다. 한글을 공부하고 들어가야 하는 더 직접적인 이유는 아래와 같습니다.

　첫째, 국어뿐만 아니라 아이들이 배우는 모든 과목의 교과서가 한글을 기초로 쓰여 있습니다. 따라서 한글을 모를 경우 다른 과목의 수업을 할 때 한글을 전혀 모르는 아이는 학습 내용을 잘 이해하지 못하거나 수업을 부담스럽게 느끼는 등의 문제가 생길 수 있습니다.

둘째, 다른 친구들이 아이를 단순히 '아직 한글을 배우지 않은 아이'로 보는 것이 아니라 '공부를 못하는 아이' 또는 '한글도 모르는 아이'로 볼 수 있는 문제가 생깁니다. 이 상황에서 아이가 '내가 아직 한글을 배우지 않아서 그렇지 금방 배울 수 있어.'라고 생각하기보다 '나는 한글도 몰라. 다른 친구들만큼 잘하지 못해.'라는 식으로 받아들일 경우 자신감과 자아효능감이 저하될 수 있습니다.

셋째, 학교라는 새로운 공간에 적응해야 하는 상황에서 한글까지 처음 익히려면 아이의 부담이 늘어납니다. 아이는 초등학교에 입학하면서 유치원과는 다른 학교라는 새로운 환경을 받아들이는 동시에 본격적인 사회생활을 경험합니다. 학교라는 큰 물리적 공간뿐만 아니라 새로 만난 선생님과 친구들에게 적응해야 하는 것이지요. 특히 성향이 예민한 아이의 경우 한글을 익힌 뒤에 입학하면 적응이 좀 더 쉬워질 수 있습니다. 이러한 이유들로 한글을 어느 정도 익힌 뒤에 입학하는 것이 여러모로 수월합니다.

엄마와 아이의 신나는 콜라보, 엄마표 놀이

기본적인 한글을 익힐 때는 연령이 어릴수록 단어 전체를 하나의 그림으로 기억하여 익히는 경우가 많습니다. 그러다 7세 중후반이 되면 자음과 모음의 조합으로 이해하기도 합니다. 경우에 따라 아이들이 한글을 익힐 때 가정에서 하는 학습지 등을 통해 반복적으로 쓰기 연습을 하는 경우가 있습니다. 성향에 따라 다르겠지만 처음부터 지루하게 반복적으로 쓰는 것을 강조하면 아이가 한글을 싫어하고, 그로 인해 시작도 하기 전에 '공부'를 부정적인 것으로 생각할 수 있습니다. 이런 경우 다음에 제시된 놀이를 통해 재미있게 한글을 익히는 것을 추천합니다.

① 카드 징검다리

자음과 모음을 익히는 데 효과적인 놀이입니다. 시중에 파는 카드를 이용해도 되고 집에서 집적 만들어서 사용해도 됩니다. 방법은 간단합니다. 익히고자 하는 자음이나 모음을 아이에게 한 장씩 보여줍니다. 그러면 아이는 자신이 가지고 있는 카드 중에서 부모님의 것과 똑같은 카드를 찾습니다. 이것을 순서대로 놓으면서 카드를 밟고 도착점까지 주어진 시간 안에 도착하는 놀이입니다. 어느 정도 글자와 친숙해지면 이번에는 부모님이 자음과 모음 이름을 하나씩 말해 주세요. 부모님이 말해 주는 자음이나 모음 카드를 순서대로 놓고 밟아서 건너면 성공!

② 한글 꽃피우기

이 놀이 역시 자음과 모음을 익히는 데 효과적입니다. 색종이를 꽃 모양으로 오려서 가운데에 자음이나 모음을 적습니다. 꽃잎을 가운데 쪽으로 하나씩 접어서 물에 올려놓으면 모세관 현상에 의해 종이 꽃잎이 서서히 펴집니다.

활짝 핀 꽃에 무슨 한글이 적혀 있는지 읽어 보고 따라 쓰는 과정에서 한글을 친숙하게 느낄 수 있습니다.

③ 문장 만들기

가로 세로 같은 크기로 종이를 잘라 각각 주어, 서술어, 목적어에 해당하는 말을 적은 뒤 뒤집어 놓습니다. 그런 다음 주어, 서술어, 목적어에 해당하는 종이 가운데 하나씩 뒤집어 문법에 맞는 문장이 만들어지면 카드를 가져가고, 논리적으로 맞지 않는 문장이 만들어지면 다시 카드를 뒤집어 놓습니다. 메모리 게임과 같이 카드를 많이 가져가는 사람이 이기는 게임입니다.

한글과 친해지는 보드게임

보드게임을 통해서도 한글 실력을 높일 수 있습니다. 자음과 모음, 받침 없는 글자, 쉬운 받침 글자, 어려운 받침 글자, 가나다, 의성어와 의태어 등의 고피시 한글&국어 시리즈는 한글에 익숙해질 수 있게 해줍니다. 한글과 그림이 함께 제시된 카드를 이용하는 데다 규칙이 쉽고 간단해서 처음 시작하기 좋기 때문이지요. 라온, 라온 채우기, 라온 주사위, 라온 더하기 등의 라온 시리즈는 자음과 모음으로 구성되어 있는 타일을 이용하는 보드게임입니다. 자음과 모음을 조합해서 단어 만들기 연습을 하는 과정에서 아이가 자연스럽게 한글과 친해질 수 있습니다.

초등학교 입학 전에 어느 정도 수준까지 한글을 익혀야 하는지 많은 학부모님들이 궁금해하십니다. 한두 문장을 읽고 이해하고, 한두 단어를 보고 베껴 쓸 수 있는 정도면 됩니다. 1학년은 매일매일이 배우는 과정입니다. 완벽하게 한글을 떼고 입학해야 한다는 부담은 갖지 마세요. 매일 꾸준히 조금씩 성장해가는 것이 1학년의 가장 큰 임무입니다.

입학 전에 해두면 좋은 공부
② 국어

국어 교과서 구성 살펴보기

초등학교 국어는 말하기, 듣기, 읽기, 쓰기, 문법, 문학의 6개의 영역으로 이루어져 있습니다. 초등 1학년 때는 이 중에서 읽기와 쓰기가 특히 중요합니다. 1학년 1학기 국어 교과서는 다음과 같이 구성되어 있습니다.

1단원 바른 자세로 읽고 쓰기	2단원 재미있게 ㄱㄴㄷ
3단원 다함께 아야어여	4단원 글자를 만들어요
5단원 다정하게 인사해요	6단원 받침이 있는 글자
7단원 생각을 나타내요.	8단원 소리 내어 또박또박 읽어요
9단원 그림일기를 써요.	

국어 수업을 처음 시작하는 단원에서 아이들은 바르게 듣는 자세와 바르게 말하는 자세를 익힙니다. 소리를 내어 낱말을 따라 읽어 보고 바르게 쓰는 자세를 익힌 다음 선생님이나 친구 이름을 써 봅니다. 앞에서 입학 전에 한글 읽기와 쓰기가 어느 정도 연습되어야 한다고 말한 것도 이 때문입니다. 수업 중 쓰고 읽어야 하는 과정이 있는데, 이때 아이가 부담을 느끼지 않아야 합니다. 역시나 앞에서 강조했듯이 기초 학습 습관과 한글 습득, 국어 및 타 교과와 모두 관련 있는 것이 바로 독서입니다. 지속적인 독서를 바탕으로 한다면 한글 읽기와 쓰기는 크게 걱정하지 않으셔도 됩니다.

1학년 2학기 국어 교과서는 다음과 같이 구성되어 있습니다.

1단원	소중한 책을 소개해요.	2단원	소리와 모양을 흉내 내요.
3단원	문장으로 표현해요.	4단원	바른 자세로 말해요.
5단원	알맞은 목소리로 읽어요.	6단원	고운 말을 해요.
7단원	무엇이 중요할까요.	8단원	띄어 읽어요.
9단원	겪은 일을 글로 써요.	10단원	인물의 말과 행동을 상상해요.

국어와 국어 활동 교과서에는 획순에 맞게 글씨 쓰기 연습을 하는 부분이 많습니다. 이는 단순 반복이 아니라 바른 자형 형성을 위한 과정입니다. 빨리 쓰기 연습을 하는게 아니라 예쁜 글씨를 만들어주는 연습이라는 걸 아이들에게 인지시켜 주세요.

그림일기 지도하기

1학기 국어의 마지막 단원은 '그림일기를 써요'입니다. 아직 글쓰기가 서툰 1학년은 그림일기로 일기 쓰기를 시작합니다. 학교에 따라, 담임선생님에 따라 조금씩 다르기는 하지만 국어 시간에 한글 익히기 부분이 끝나면 그림일기 쓰는 방법을 배웁니다. 집에서 그림일기를 써오는 숙제가 시작되기도 합니다. 또는 국어 6단원을 학습한 뒤에 정기적으로 그림일기를 쓰기도 합니다. 예전에는 1학년부터 6학년까지 모든 학생에게 일주일에 한두 번씩 일기 숙제를 내주고 검사를 하기도 했습니다. 하지만 요즘은 사생활 침해를 이유로 일기 쓰기를 지양하는 학교도 있습니다. 그래서 고학년의 경우에는 일기 쓰기가 아닌 주제 글쓰기로 글쓰기 연습을 하기도 합니다.

1학년의 경우에도 담임선생님 재량에 의해 일기 쓰기 검사가 달라질 수 있습니다. 하지만 일기 쓰기는 글쓰기의 기초가 되기 때문에 학교에서 숙제를 내주지 않는다고 해도 가정에서 꾸준히 연습하는 것이 중요합니다.

그림일기를 쓸 때는, 처음에는 오늘 무엇을 했는지부터 떠올려 보는 것이 가장 쉽습니다. 단, 이 상태에서 계속 무엇을 했는지만 나열해서는 글쓰기 실력이 늘지 않습니다. 무엇을 했는지에 덧붙여 무엇을 느꼈는지, 어떤 생각을 했는지 등 느낌과 생각을 함께 써야 하며, 갈수록 이 부분이 늘어나야 합니다. 무엇을 써야 할지 모르겠다며 오랜 시간 일기장을 펴놓고 있는 아이에게는 부모님께서 약간의 단서를 던져 주세요. 이때 활용할 수 있는 단서는 다음과 같습니다.

- 학습한 내용 정리하는 학습일기 쓰기
- '기쁨', '실망', '행복', '슬픔' 등 한 가지 감정을 정해 감정일기 쓰기
- 고사성어, 속담 등이 들어가게 글쓰기
- 친구에 대해 글쓰기
- 우리 집 물건이나 가족 구성원 중 한 명을 관찰하여 글쓰기
- 이루고 싶은 꿈에 대해 쓰기
- 뉴스를 보고 인상 깊었던 소식을 글로 쓰기

이런 단서를 통해 아이가 생각의 물꼬를 틀 수 있게 도와주세요. 그림일기의 주된 목적은 문장 쓰는 연습, 주기적으로 글 쓰는 습관을 들이는 데 있습니

· 그림일기 예시 ·

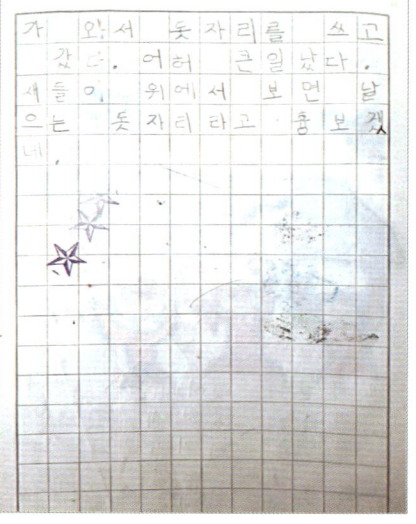

다. 자녀가 그림 그리기를 싫어하거나 색칠하는 걸 싫어하는데 그림을 예쁘게 그리는 걸 강요하면 '일기 쓰기' 자체를 싫어하게 됩니다. 색칠을 생략하거나 그림 칸을 스티커로 꾸미거나 사진을 붙이면서 자녀의 성향에 맞는 방법을 찾아보는 것이 좋습니다.

받아쓰기 & 독서록 지도하기

입학 전에 아이가 좋아하는 책을 이용해서 받아쓰기 연습을 할 수도 있습니다. 받아쓰기에는 띄어쓰기와 문장부호까지 포함되니 이 부분도 함께 연습하는 것이 좋습니다. 입학 후에 학교에서 받아쓰기 문장 목록을 배부하는 경우가 많으니 이를 활용하여 가정에서 쓰기 연습을 하면 됩니다. 시중에 나와 있는 문제집을 이용하거나 국어 교과서를 이용해서 연습할 수도 있습니다. 교과서를 바탕으로 하기 때문에 예습 효과도 볼 수 있습니다.

받아쓰기를 지도할 때는 먼저 아이에게 받아쓰기할 문장을 천천히 또박또박 여러 번 읽게 한 다음 천천히 따라 쓰게 합니다. 문장을 여러 번 반복해서 적어보게 하는 것입니다. 다음 문장도 마찬가지로 이렇게 연습합니다. 띄어쓰기나 문장부호가 낯선 친구들은 문장을 보면서 따라쓰기를 해도 틀리게 쓰는 경우가 많습니다. 또 아이들마다 문장을 내 것으로 만드는 데 필요한 연습 횟수가 다르기 때문에 몇 번 써야 하는지 연습을 통해 찾을 수 있습니다. 5~10 문장 정도를 연습한 뒤 부모님께서 문장을 불러주시고 아이는 보지 않고 받아

• 학교에서 배부하는 받아쓰기 문장 계시 •

① 볶음밥
② 초등학교
③ 살랑살랑
④ 비가 주룩주룩
⑤ 돌잡이상
⑥ 날개가 얇고
⑦ 모래알이 반짝
⑧ 깔깔 웃었다.
⑨ 색연필을 깎았다.
⑩ 꽃이 활짝 피었다.

받아쓰기 1급

① 가방 속에는
② 낚시를 할까?
③ 소고기는 맛있어요.
④ 야옹하고 울어요.
⑤ 옥구슬이 있다.
⑥ 행복한 시간을 보냈다.
⑦ 정말 고마워!
⑧ 왜 그럴까?
⑨ 활짝 웃었어요.
⑩ 병을 낫게 합니다.

받아쓰기 5급

① 나는 정말 괜찮아.
② 깊고 넓은 바다는
③ 책상을 조심히 옮깁니다.
④ '왜 거짓말을 할까?'
⑤ "친구야, 고마워!"
⑥ 알록달록 색이 섞인
⑦ 쉬지 않고 뛰었어요.
⑧ 태양처럼 빨갛기 때문이다.
⑨ 친구를 봐서 참 신기했다.
⑩ 훌쩍훌쩍 울며 말했어.

받아쓰기 10급

적으면 됩니다. 틀린 낱말이나 문장은 반복해서 틀리는 경우가 많으니 틀린 부분은 반복해서 다시 써 볼 수 있도록 지도해 주세요. 틀린 부분은 복습을 통해 확실히 알고 넘어가야 합니다.

  독서록은 내가 읽은 책의 제목과 날짜를 기록하는 정도면 충분합니다. 아이의 성향에 따라 이 정도로도 어려워하는 아이가 있고 쉽게 생각하는 아이도 있습니다. 크게 어려워하지 않는 아이라면 책에서 읽은 문장 가운데 마음에 드는 문장을 하나 골라서 적어 보게 하는 활동을 추천합니다. 독서록에 의미를 두기보다는 생활 속에서 책을 가까이 하고, 책을 많이 읽는 것에 중점을 두시면 됩니다.

입학 전에 해두면 좋은 공부
③ 수학

수학 교과서 구성 살펴보기

초등학교 입학 전부터 잡아야 할 가장 기초적인 공부 습관이 독서라면 그 다음으로 중요한 것은 수 개념 형성입니다. 특히 수에 대한 이해는 매우 중요합니다. 초등학교 수학은 수와 연산, 도형, 측정, 규칙성, 자료와 가능성의 5개 영역으로 이루어집니다. 먼저 1학년 1학기 수학 교과서의 구성을 살펴보겠습니다.

1단원	9까지의 수	2단원	여러 가지 모양
3단원	덧셈과 뺄셈	4단원	비교하기
5단원	50까지의 수		

1, 3, 5단원을 통해 1학기 동안 아이들이 이해해야 하는 수는 50까지의 수입니다. 수의 이름을 알고 읽고 쓰고, 받아올림이나 받아내림이 없는 한 자리 수의 덧셈과 뺄셈을 익힙니다. 2단원에서는 블록으로 쌓기 놀이 등을 통해 여러 가지 모양을 익히고, 4단원에서는 더 무거운 것, 넓은 것 등을 학습합니다. 2학기 수학 교과서의 구성은 다음과 같습니다.

1단원	100까지의 수	2단원	덧셈과 뺄셈(1)
3단원	여러가지 모양	4단원	덧셈과 뺄셈(2)
5단원	시계 보기와 규칙 찾기	6단원	덧셈과 뺄셈(3)

2학기에는 1단원에서 100까지의 수를 배우고, 2단원에서 두 자리 수와 한 자리 수의 덧셈과 뺄셈을 익힙니다. 4단원에서는 (1,9) (2,8) (3,7) (4,6)처럼 더해서 10이 되는 수, 즉 10의 보수 개념을 학습합니다. 6단원에서는 한 자리 수와 한 자리 수의 덧셈 결과 10 이상이 나오는 수, 즉 20 미만의 받아올림과 받아내림이 있는 문제를 풀게 됩니다. 3단원에서는 여러 가지 모양으로 꾸며 보기 등의 활동을 합니다. 5단원 시계 보기에서는 시계 보는 법을 배우고, 규칙적인 무늬 찾기, 규칙적인 수에 대해 배웁니다.

2학기 역시 1학기와 마찬가지로 수와 연산 영역이 많은 부분을 차지합니다. 수를 가르고 모아서 더하고 빼는 활동을 반복하는 과정에서 다루는 수의 단위가 커집니다.

수 발달 및 연산

저학년 연산에서는 십진법의 자릿값을 이해하는 것과 모으기와 가르기를 하는 능력이 핵심입니다. 자릿값의 경우 수 막대와 그림을 활용해 묶음과 낱개 개념으로 학습합니다. 연산 시 수의 계열성을 이용하면 1+1=2, 1+2=3, 1+3=4 이렇게 하나씩 더해지는 과정에서 값이 하나씩 커진다는 사실을 알게 됩니다. 이렇게 수의 계열성을 이용하면 이해하기가 좀 더 쉽습니다.

이에 비해 6+8=6+4+4=10+4=14와 같이 생각하는 10의 보수 개념은 상대적으로 이해하기가 어렵습니다. 하지만 이 방법을 이용하면 계산이 더 빨

· 덧셈식 & 뺄셈식 예시 ·

라지고 더 직관적으로 계산할 수 있습니다. 특히 다루는 수의 단위가 커질수록 더욱 그렇습니다. 10의 보수는 10의 가르기 모으기와 연관됩니다. 즉 내가 원하는 대로 수를 재구성하여 계산을 쉽게 하는 것을 목적으로 합니다. 예를 들어, 46-17을 세로셈으로 풀 수도 있지만 17을 16+1로 나누어 46-16-1=30-1=29로 풀 수도 있습니다. 보수 개념을 이용하면 계산이 더 쉬워지고 문자가 들어간 식을 다룰 때 요긴합니다.

기계적 연산에 익숙한 아이는 수학 교과서의 내용이 어렵다고 느낄 수 있습니다. 교과서는 단순히 정답을 찾는 문제 풀이 중심이 아닌 수학적 사고력을 키우는 것을 목적으로 합니다. 이런 이유로 뛰어세기, 구체물로 세기, 가르

· 모으기와 가르기, 수 막대 예시 ·

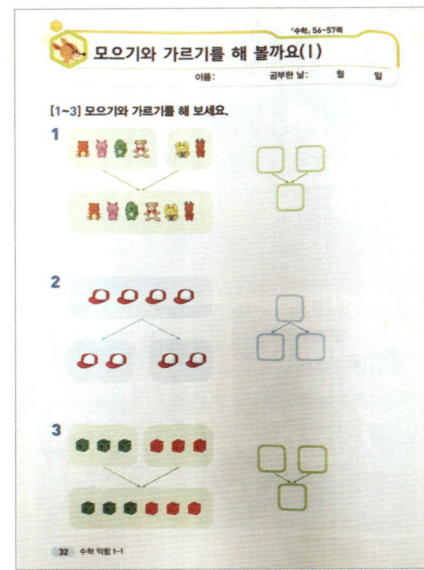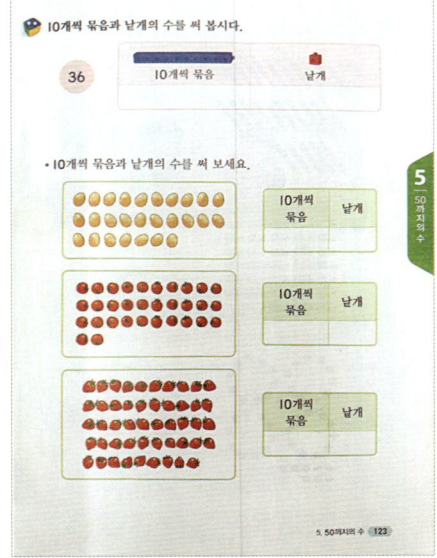

기와 모으기 등 다양한 활동을 하는 것입니다. 수 개념이 약한 친구들은 교과서 펴는 것도 어려워합니다. 선생님이 "36쪽 펴세요."라고 했을 때 다른 친구들은 다 척척 찾는데 나만 못 찾는다는 것에 의기소침해하는 모습을 보이기도 합니다. 씩씩하게 선생님께 도움을 요청한다면 괜찮지만 자녀가 부끄러움이 많아 선생님께 말을 못할까 걱정이라면 입학 전에 책의 쪽수에 맞게 펴는 연습을 하는 것이 좋습니다.

시계 보기

1학년 때는 시침과 30분 단위의 분침을 학습하고, 더 자세한 분침은 2학년 때 배웁니다. 그렇기는 하지만 아이들이 일과에 익숙해지려면 1학년 때 어느 정도 시계를 볼 줄 아는 것이 좋습니다. 정확하게 '10시 34분'이라고는 읽지 못하더라도 '10시 30분쯤에 2교시가 끝나고 쉬는 시간이구나', '10분이 이 정도만큼의 시간인데, 이 시간이 쉬는 시간이고 이 시간 안에 화장실을 다녀와야 하는구나', '12시쯤 되면 점심을 먹는구나' 정도는 알아야 합니다. 이 정도만 인지해도 학교생활에 적응하기가 좀 더 수월합니다. 시계 보기를 연습할 때는 앞에서 예로 든 것처럼 생활과 관련지어서 연습하면 효과적입니다. '태권도 학원에 가는 시간이니 2시 30분이구나', '아빠가 퇴근하셨으니 7시구나', '저녁밥을 먹으니 7시 30분이구나' 식으로 연습하면 됩니다.

서술형 수학 문제 해결하기

서술형 수학 문제를 해결하기 위한 첫걸음은 역시나 독서입니다. 문제를 제대로 읽고 이해하고 풀어야 하기 때문이지요. 사실 1학년의 모든 것은 독서로 귀결된다고 해도 과언이 아닙니다. 서술형 문제를 이해하기 위해서는 독서에 기반한 문장 이해 능력과 함께 문제 상황에 대한 정확한 이해 능력이 필요합니다. 그렇기 때문에 일단은 개념을 이해하는 것이 우선입니다. 문제풀이를 통해 연습을 할 때는 날을 정해서 왕창 푸는 것이 아니라 매일 조금씩 꾸준히 연습해야 합니다. 문제집이나 학습지를 하루 한두 장씩 푸는 것도 방법입니다.

· 서술형 수학 문제 예시 ·

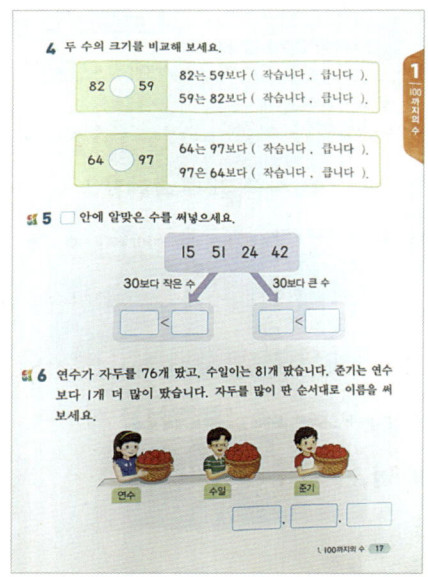

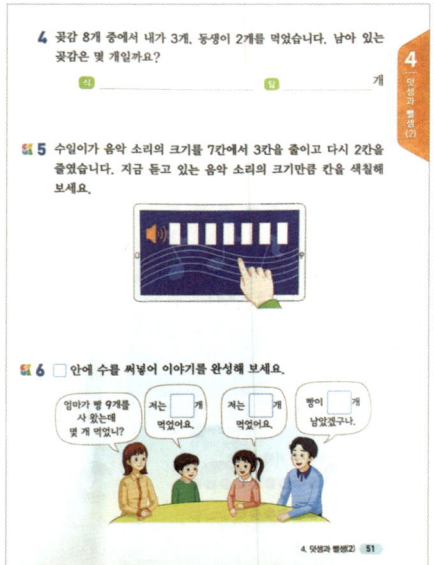

엄마표 놀이 & 보드게임

아이의 수학적 능력, 흥미, 성향에 따라 어느 정도의 수학 개념을 미리 익히는 것도 도움이 됩니다. 한 번 접해본 내용을 학교에서 배울 때 자신감을 얻는 아이가 있습니다. 단, 지나친 선행학습은 수업에 대한 아이의 흥미와 집중도를 떨어뜨릴 수 있으니 주의해야 합니다. 국어와 마찬가지로 수학도 엄마표 놀이를 이용하면 실력을 높일 수 있습니다. 수학과 관련된 독서나 놀이, 다양한 조작 활동을 통해 생활이나 상황 속에서 수학을 경험하고 복습하는 것이 중요합니다.

보드게임을 통해서도 수학과 친해질 수 있습니다. 다양한 방법으로 수를 조합하여 10와 20을 만드는 게임인 메이크텐은 아이가 연산을 친근하게 느끼게 해줍니다. 덧셈과 뺄셈을 익히는 셈셈수놀이와 ㅍ자가게 게임 역시 아이가 놀이를 통해 연산을 재미있게 학습할 수 있게 해줍니다. 아이의 흥미와 수학적 능력에 따라 곱셈과 나눗셈을 다루는 셈셈 테니스, 눈썰매장, 롤러코스터 등 셈셈 시리즈를 이용하는 것도 좋습니다. 도형을 회전하고 이동시키면서 퍼즐을 완성하는 우봉고는 공간 지각력을 높이는 데 도움이 됩니다. 마이 퍼스트 스도쿠는 어린이용 스도쿠로, 여러 번의 시도를 통해 규칙성을 찾아나가는 게임입니다. 집중력 향상은 물론 규칙성과 자료 해석, 비교 능력을 향상하는 데 도움이 됩니다.

입학 전에 해두면 좋은 영역별 공부
④ 예체능

예체능 사교육이 고민이라면

1학년 아이들이 바쁜 이유가 국영수뿐만 아니라 음악, 미술, 체육 관련 사교육을 받느라 그렇다는 말이 있습니다. 악기도 하나 배워 놓으면 좋고, 친구들과 함께하는 체육 활동도 꾸준히 해두면 좋고, 개인적으로 좋아하는 운동도 하나 배워 놓으면 좋고, 미술도 배우면 감각을 익히는 데 도움이 되고……. 이런 식으로 생각하다 보면 아이들이 다녀야 할 학원 수가 금방 늘어납니다. 예체능과 관련된 사교육을 선택하는 것은 부모님의 가치관과 아이의 성향, 가정마다의 경제 상황 등에 따라서 많이 달라집니다. 사교육을 선택할 때 어떤 부분을 고려하면 좋은지 간략히 설명 드리겠습니다.

음악

가장 먼저 음악입니다. 학기 말에 학급별 장기자랑을 하곤 하는데, 이때 다룰 수 있는 악기가 있다는 것은 큰 자랑거리입니다. 친구들 앞에서 실력을 뽐낼 수 있는 기회이기 때문이지요. 물론 이 부분은 학교 방침 또는 담임선생님에 따라 다릅니다. 학교 차원에서 하는 학예회의 경우 교육 과정에 벗어나는 내용의 발표는 갈수록 지양하는 추세입니다. 하지만 아이가 학교 오케스트라에서 활동하기를 원한다거나 취미로 배우고 싶다고 한다면, 특히 친구와 함께 배우고 싶어 한다면 배워두는 것도 나쁘지 않습니다.

체육

2015 개정 교육과정에서 안전 부분을 강조하면서 우리 아이들은 3, 4학년 체육 시간에 생존 수영을 배우게 되었습니다. 초등학교 수업이 아니더라도 수영은 배워두면 안전에 도움이 됩니다. 1학년 무렵에는 물에 뜰 수 있거나 자유형 정도를 할 수 있으면 됩니다.

줄넘기는 가능하면 미리 해두기를 권합니다. 꼭 학원을 다니거나 태권도장에 가서 배우지 않아도 됩니다. 부모님과 함께 집 근처 공원이나 야외에 나갈 기회가 있을 때 연습하는 것으로도 충분합니다. 이때 반드시 바른 자세로 줄을 넘는 연습을 하게 해주세요. 무릎을 많이 구부리거나 팔꿈치를 펴고 줄을

· 1학년 줄넘기 급수표 예시 추가 ·

로그인초등학교 1학년 2반 31번 : 홍길동

줄넘기 동작	기준	내가 한 갯수	성공했어요!
1급 : 양발로 두 발 모아 뛰기	30회		
2급 : 한 발 들고 뛰기	30회		
3급 : 발을 좌우로 벌렸다 붙였다 뛰기	30회		
4급 : 앞으로 전진하면서 뛰기	20회		
5급 : 양발 엇갈리게 뛰기	20회		
6급 : 양발로 두 발 모아 뒤로 뛰기	10회		
7급 : 팔 엇갈려 뛰기	5회		
8급 : 방향 바꾸면서 뛰기	3회		
9급 : 오래 뛰기	3분		
10급 : 2단 뛰기	1회		

넘는 습관이 생기면 나중에 '2단 뛰기'나 '엑스자 넘기' 등의 미션을 수행할 때 어려움이 있을 수 있습니다.

미술

미술은 소근육 조작 능력을 기르는 데 도움이 됩니다. 평소에 종이접기나 가위질을 자주 하고, 글씨 쓰기 연습을 하는 과정에서도 길러집니다. 어른들이 보기에는 사소하겠지만 초등학교 저학년 때는 우유갑을 잘 열거나 병뚜껑을 잘 따거나 종이접기를 잘하는 것만으로도 친구들에게 인정을 받을 수 있습니다. 두뇌 발달과도 연관되는 만큼 소근육 조작 활동을 자주 해볼 것을 추천합니다.

또한 초등 1,2학년 과정에서는 그림으로 표현하도록 요구하는 과제가 많습니다. (여기서 과제는 집에서 해오는 숙제가 아닌 학교에서 해결해야 하는 문제를 의미합니다.) 봄의 모습 그리기, 책의 장면 그림으로 나타내기 등 적어도 일주일에 2~3회 이상은 '그림 그릴 일'이 생깁니다. 자신이 구상한 것을 대략적으로나마 크고 자신 있는 선으로 표현할 수 있는 능력이 갖춰진다면 더욱 즐겁고 자신 있게 학교생활을 할 수 있을 것입니다.

영어

사실 부모님들 입장에서는 영어 사교육이 가장 궁금하실 겁니다. 게다가 영어야말로 편차가 큰 과목이라 할 수 있습니다. 현재는 교육과정상 3학년부터 영어를 배우게 되어 있다고 앞에서 언급했습니다. 그래도 알파벳이나 파닉스의 기본 정도는 익혀두는 편이 좋습니다. 영어를 아예 익히지 않고 3학년에 진학한다는 것은 한글을 전혀 모른 채 초등학교어 입학하는 것과 거의 같습니다. 한글을 모른 채 입학했을 때와 같은 불편이 발생할 수 있는 만큼 영어 역시 기본은 익히고 3학년이 되는 것이 수월합니다.

선생님, 우리 아이는요
: 하나의 교실, 30명의 아이

우리 아이 성향 이해하기

한 교실에 성격이 같은 아이는 단 한 명도 없습니다

교실에는 30여 명의 친구들이 함께 공부합니다. 이 중 성격이 같은 아이는 단 한 명도 없지요.

그렇다 보니 똑같은 상황을 경험해도 이를 받아들이는 방법이나 내용은 아이마다 다릅니다. 타고난 기질과 환경, 성격이 모두 다르기 때문이지요. 아이들이 거대한 '사회' 속에서 자극을 어떻게 경험하고 받아들일지를 예측하는 것은 우리 아이의 사회생활을 이해하는 데 큰 도움이 됩니다. 먼저 다음의 체크리스트를 참고하여 우리 아이의 성향을 알아볼까요?

· 우리 아이 성향 파악을 위한 체크리스트 ·

항목	문항	O/X
규칙성	정해진 규칙은 반드시 지키려고 노력하는 편입니다.	
	일정한 시간에 자고 일정한 시간에 일어납니다.	
	자신이 가지고 놀았던 장난감은 스스로 정리합니다.	
	손 씻기 및 양치하기 습관이 잡혀 있습니다.	
	tv 시청 시간이나 독서 시간 등 생활 속 일과에 대한 약속을 지키는 편입니다.	
과제 집착도	해야 할 일이 주어지면 미루지 않고 끝까지 해냅니다.	
	과제가 주어지면 스스로 해결하려고 노력하는 편입니다.	
	과제가 주어지면 포기하지 않고 끝까지 해냅니다.	
	자신이 달성할 수 있는 목표를 세우고 달성하고자 노력합니다.	
	학습지를 하거나 그림을 그릴 때 완성도 있게 해내는 편입니다.	
만족 지연 능력	상대방의 말을 주의 깊게 듣는 편입니다.	
	정해진 시간 내에 정해진 활동을 하고 마무리하는 것이 어렵지 않습니다.	
	해야 할 것의 우선순위를 정하고 실천하려고 하는 편입니다.	
	"A를 하면 B를 줄게."라고 했을 때 B를 받기 위해 A를 하려고 합니다.	
낯선 상황 불안도	새로운 장소에 가면 이전의 행동과는 다른 행동의 패턴을 보입니다.	
	새로운 친구들을 사귀는 데 시간이 걸리는 편입니다.	
	낯선 곳에서 자기에게 필요한 도움을 요청하는 것을 어려워합니다.	
	새로운 환경에서 소변을 참거나 실수를 하는 경우가 있습니다.	
	학원, 가구의 위치, 동선 등 환경이 바뀌는 것을 힘들어합니다.	
교우 관계 및 공감 능력	친구와의 놀이 시에 합의를 통해 규칙을 정하고, 정해진 규칙을 잘 따릅니다.	
	놀이 중 갈등이 생겼을 때 이를 적절히 중재합니다.	
	도움이 필요한 친구를 보면 도움을 주려고 노력합니다.	
	자유 놀이 시간에 혼자 있기보다는 친구들과 어울려 노는 것을 좋아합니다.	
	친구들이 좋아하는 이야기를 하며 공감대를 형성하려고 노력합니다.	

항목	문항	O/X
자기 주도 능력	스스로 해야 할 일의 순서를 정하고 해내려고 노력합니다.	
	오늘 자신이 해야 할 일이 무엇인지 알고 있습니다.	
	궁금한 것이 있으면 질문을 하거나 스스로 해결하려고 노력합니다.	
	일상생활 속 크고 작은 과업을 '스스로' 하려고 시도합니다.	
자존감	타인과 비교하여 자신이 갖지 못한 것에 대해 속상해합니다.	
	경쟁 상황에서는 무조건 이겨야 합니다.	
	시험 문제를 틀렸을 때 속상해하며 쉽게 좌절합니다.	
	자신 없는 활동은 쉽게 도전하지 않습니다.	

학교생활 적응에 영향을 미치는 요소

우리 아이가 학교생활에 적응하는 데 영향을 미치는 요소 가운데 두드러지는 몇 가지를 뽑으면 다음과 같습니다. 7가지로 분류하고 있기는 하지만 이들 변인은 아주 밀접하게 연관되어 있어 하나가 높으면 다른 것들도 높고, 하나가 낮으면 다른 것들도 낮은 경우가 많습니다.

규칙성

1학년 학교생활은 '누가누가 정해진 규칙을 잘 지키나'의 문제라고 해도 과언이 아닐 정도로 입학 초기 규칙성에 대한 이해는 아이의 적응도에 큰 영향을 미칩니다. 학교에서 아이들과 지켜야 할 규칙의 예를 소개합니다.

어른들이 보기에는 사뭇 단순하고 당연해 보이겠지만 아이들이 이 모든 규

> **〈우리반 규칙〉**
>
> 1. 쉬는 시간이 끝나고 종이 울리면 다음 수업에 필요한 책을 펴 놓고 자리에 앉아 기다리기
> 2. 복도에서 뛰지 않고 한 줄로 걸어 다니기
> 3. 교실에서 소리를 지르거나 큰 소리로 이야기하지 않기
> 4. 아침에 학교에 등교하면 가방에 있는 회신문과 숙제 등을 앞에 제출하기
> 5. 집에 가서 부모님께 알림장 보여드리고 준비물 잘 챙겨 오기
> 6. 발표할 때는 손을 들고 자기 차례 기다리기
> 7. 급식을 받을 때는 한 줄로 서서 조용히 기다리기 등

칙을 이해하고 지켜나가는 것은 쉽지 않습니다. 규칙에 대한 이해가 부족하고, 규칙을 따르는 것을 어려워하는 아이들은 학습 결손이 생기거나 다른 아이들로부터 장난꾸러기로 인식되는 등 적응에 어려움이 있을 수 있습니다.

성실함 & 과제 집착도

초등 저학년의 수행평가는 성실함과 과제 집착도에 많은 영향을 받습니다. 다루고 있는 교과 내용이 어렵지 않기 때문에 정해진 과제를 '충실하게'만 이행한다면 충분히 우수한 성취를 이룰 수 있는 내용들이지요. 10줄 정도 쓰도록 줄이 쳐져 있는 국어책에 글을 쓸 때 1줄만 채워서 다 했다며 가지고 나오는 아이가 있는 반면 어떻게든 10줄을 다 채우려고 노력하는 아이도 있습니다. 같은 것을 6개 접어야 완성되는 종이접기 시간에 시간이 다 되었다고 3개만 접고 완성을 포기하는 아이가 있는 반면 쉬는 시간까지 할애하여 완성작을

집으로 가져가는 아이도 있습니다. 성향의 차이인 만큼 어떤 아이가 더 바르다고 할 수는 없습니다. 하지만 적어도 '주어진 학습 활동은 포기하지 않고 끝까지 해내는 습관'을 길러줄 필요는 있습니다.

과제 집착도가 떨어지는 이유는 다양합니다. 먼저 그 과제가 아이의 발달 수준에 비해 지나치게 어려울 수 있습니다. 이런 경우에는 그 과제를 스스로 수행할 수 있게 집에서 발판을 마련해 주는 것이 좋습니다. 성공 경험이 쌓이면 학교생활에 더욱더 흥미를 갖게 되는 선순환이 일어납니다.

과제 집착도가 떨어지는 또 다른 이유는 아이의 집중력이 약해서일 수 있습니다. 이에 대한 접근은 매우 조심스러운 부분이기도 합니다. 그러니 평소 아이의 행동을 잘 관찰해 주시길 부탁드립니다. 그리고 또래 아이에 비해 유난히 집중력이 약하다고 판단되거나 아이가 힘들어한다면 전문 기관에 도움을 청하는 것도 생각해 보셔야 합니다. 조기에 개입할수록 더욱 큰 효과를 기대할 수 있는 만큼 어른들의 세심한 관찰이 필요합니다.

만족 지연 능력

만족 지연 능력과 개인의 성취도와의 관련성은 (논란이 있지만) 꾸준히 제시되어온 이야기입니다. 사탕을 앞에 두고 지금 먹으면 1개밖에 먹지 못하지만 5분 뒤에 먹으면 2개를 먹을 수 있다고 이야기했을 때 이를 참고 5분 뒤에 먹은 아이들이 훗날 자신이 원하는 분야에서 성공적인 삶을 살고 있더라는 종단 연구도 있었지요. 만족 지연 능력이 부족한 아이들은 후에 주어질 보상을 택하기보다는 순간의 즐거움을 선택하는 경향이 있습니다. 그리고 꽤 높은 비율의 아이들이 2개의 사탕을 먹는 다른 친구들을 보며 화를 내거나 짜증을 내곤 합니다.

학교생활과 관련된 예를 들어보겠습니다. 숙제를 해온 친구들이 자유 놀이를 하는 동안 숙제를 해오지 않은 친구들에게 숙제를 하라고 했을 때 씩씩대며 감정을 억누르지 못하는 경우가 있습니다. 이는 아이의 학업 성취도에 영향을 미칠 뿐만 아니라 자존감에도 좋지 않은 영향을 미칩니다. 따라서 집에서도 할 일을 다 한 뒤 하고 싶은 일 하기, 약속한 일을 다 했을 때 적절한 보상하기 등을 통해 만족 지연 능력을 길러주는 것이 중요합니다.

낯선 상황 불안도

놀이터에서 노는 모습에서도 아이들의 다양한 면이 드러납니다. 처음 보는 친구에게 선뜻 말을 걸고 놀이를 제안하는 아이가 있는 반면 친구들이 다가와도 회피하는 아이가 있습니다. 아이들에게 학교는 참으로 낯선 공간입니다. 네모난 교실, 처음 보는 친구, 처음 보는 선생님. 낯선 상황에서의 불안도가 높은 아이들에게는 이 모든 상황이 두려울 수 있습니다. 그렇다 보니 다른 친구에게 놀이 제안은커녕 선생님께 화장실 가고 싶다는 말을 못해 바지에 실수를 하는 경우도 종종 있지요. 그래서 불안도가 높은 아이의 경우 입학 초기에 학교에 가기 싫다거나 선생님과 친구들이 싫다는 이야기를 하곤 합니다. 이러한 아이는 입학 전에 예비 소집일을 포함하여 미리 학교 방문을 통해 학교에 대한 낯설음을 줄여주는 것이 좋습니다. 이와 함께 집에서는 학교와 선생님, 새로 만날 친구들에 대한 긍정적인 이야기와 즐거운 경험을 제공해 주는 준비가 필요합니다.

교우 관계 & 공감 능력

1학년 학교생활 적응에 가장 많은 영향을 미치는 요소 중 하나가 교우 관계일 것입니다. 유아기 때보다는 성숙한 사회성을 갖게 되는 시기로, 이때 아이들은 다양한 경험을 바탕으로 친구들의 성격이나 특징에 대해 주관적인 판단을 하기 시작합니다. "저 친구는 잘 울어.", "저 친구는 선생님께 이르는 것을 좋아해.", "저 친구는 다른 친구들을 잘 때려."처럼요. 따라서 자기중심적인 대인 관계 형성에서 벗어나 공감과 배려 등의 사회성을 가진 친구, 타인이 좋아할 만한 이야기를 하는 친구, 자기주장을 하되 적절하게 양보하고 수용할 줄 아는 아이는 다른 친구들에게 인정을 받게 됩니다.

반면 본인이 원하는 교우 관계가 형성되지 않는 아이들은 학교생활에 어려움을 겪습니다. 특히 동등한 관계를 맺지 못하고 "○○이가 나랑 안 놀아줘. ○○이도 나랑 놀아줬으면 좋겠다." 등의 이야기를 하는 경우도 많습니다. 다양한 친구들과 자유롭게 어울려 놀 수 있는 상황을 만들어주고, 그 사이에서 아이들의 교우 관계를 관찰하고 부모가 적정 수준에서 조절해 주는 것은 이 시기 아이들의 교우 관계 형성에 큰 도움이 됩니다.

자존감

초등 생활에서 가장 중요한 발달 과업은 '자존감'을 형성하는 것입니다. 어린이집이나 유치원에서 했던 것처럼 무조건 "내가 더 잘해."는 통하지 않습니다. 이제는 "이건 내가 잘 못하지만 저건 내가 더 잘해.", "이걸 못한다고 해서 내가 소중하지 않은 건 아니야.", "이걸 못한다고 해서 친구들이나 선생님, 엄마 아빠가 나를 싫어하지는 않아." 하며 인정하고 깨닫는 과정에서 자존감이 형성됩니다. 자존감이 낮은 아이들은 지나치게 경쟁적이거나 지는 것을 참지 못하는 경우가 많습니다. 발표를 하거나 자신의 의견을 드러내는 것을 어려워하고, 다른 사람에 대해 부정적인 인식을 가지고 있는 경우도 있습니다. 특히 과정에서 오는 즐거움을 찾지 못하고 결과에만 집착하거나 '경쟁하고 이기기 위해' 학교생활을 하는 경우를 자주 볼 수 있습니다. 즐겁고 행복한 학교생활을 위해서는 자기 자신을 소중하게 여기고 긍정적인 자아 개념을 형성하는 것이 중요합니다. 자기 자신을 존중할 때 다른 사람에 대한 존중도 가능하기 때문입니다.

자기 주도 능력

자기 주도 능력 역시 초등 생활에서 중요한 요소 가운데 하나입니다. 여기서 자기 주도성이란 학습뿐만 아니라 생활 전반에 있어서 아이가 스스로 해야 할 것을 인식하고 주도적으로 해내려고 하는 능력을 의미합니다. '시켜야만 하는 아이'와 '시키지 않아도 하는 아이'의 적응 속도는 차이가 날 수밖에 없습니다. 이를 길러주기 위해서는 먼저 아이의 능력을 객관적으로 파악하고 아이의 수준에 맞는 과업을 주는 것이 중요합니다.

또 시간 및 날짜에 대해 이해할 수 있도록 시계와 달력을 적절히 활용하면 아이가 자신의 일을 스스로 계획하고 조직화하는 데 도움이 됩니다. 이때 아이가 혼자 모든 것을 계획하는 것을 어려워한다면 두세 개 정도의 선택지를 주고 선택하게 하는 것도 방법입니다. 예를 들어 주말 나들이를 어디로 갈지

고민하고 있다면 "우리 이번 주말엔 마트에 갈까?" "놀이공원에 가서 신나게 노는 건 어때?" "왜 그곳에 가고 싶은데?" 등의 질문으로 답을 유도해 보세요. 선택지를 좁히는 동시에 결정을 도울 수 있습니다.

자신이 스스로 할 수 있는 일을 찾아 이를 스스로 해냈을 때 성취감을 느낄 수 있도록 기회를 제공해 주세요. 예를 들어 '하루에 책 2권 읽기', '자기 전에 책가방 챙기기'처럼 아이가 스스로 할 수 있는 목표를 세우고 이를 해냈을 때 적절한 보상을 해주는 것도 좋은 방법입니다.

교실 속
다양한 아이들 유형

우리 아이는 어떤 유형일까?

앞에서도 언급했듯이 아이들의 성격은 모두 제각각입니다. 그렇다 보니 매년 30명 내외의 아이들 성격을 파악하고 이를 고려하기란 여간 어려운 일이 아닙니다.

아이들 유형은 크게 몇 가지로 나누어집니다. 우리 아이는 이 중 어떤 유형에 해당하는지 확인하고, 학교에서는 어떤 모습일지, 또 어떤 점에 유의하면 좋을지를 참고해 보세요.

교실 속 다양한 캐릭터 유형

유형	특징	장점	유의해서 볼 점
다재다능형	• 뛰어난 리더십 • 평균 이상의 운동 능력 • 높은 학습 이해도 • 장난도 놀이도 모두 좋아함	• 학급 분위기를 주도하며, 친구들 사이에서 '친해지고 싶은 아이'로 자주 지목됨	• 친구들이 자기 마음대로 따라주지 않을 때 스트레스를 받지는 않는가? • 오지랖으로 오해받아 교우 관계에 문제가 있지는 않은가?
척척박사형	• 운동보다는 책 읽기를 좋아하는 독서광 • 지식에 대한 자부심이 강하고, 틀리는 것을 싫어함	• 흥미 있는 분야에 대해 집중력이 높고, 독서량이 많아 상식이 풍부함	• 틀리는 것에 대한 두려움이 있나? • 자신과 의견이 다른 아이에게 어떻게 대처하는가? • 교우 관계는 어떤가?
귀염둥이형	• 학급의 귀염둥이 역할 • 대부분 또래보다 체구가 작아 친구들이 귀여워함	• 노력하지 않아도 친구들이 다가와 교우 관계에 유리함	• 지나치게 친구들에게 끌려 다니지는 않는가? • 다른 친구에 비해 자신의 가치를 낮게 평가하고 있지는 않은가?
배려형	• 또래보다 덩치나 키가 크고 온순한 편 • 친구들을 잘 챙김	• 공감 능력이 뛰어나고, '조용한 리더십'을 가지고 있는 경우가 많음	• 자신의 것을 쉽게 포기하진 않는가? • 양보를 의무적으로 해서 스트레스를 받고 있지는 않은가? • 놀림을 당하고 있지는 않은가?
개구쟁이형	• 친구들에게 웃음을 주는 것으로 관심을 받고 싶어 함	• 낯선 상황에 대한 불안도가 낮고 자존감이 높은 편	• 웃기기 위해 자신이 할 일을 놓치고 있지는 않은가? • 장난이 과하여 다른 아이들과 트러블이 있지는 않은가? • 수업 분위기를 해치고 있지는 않은가?
날쌘돌이형	• 운동을 잘하고 좋아함 • 친구들에게 인기가 많음	• 탁월한 신체 능력으로 자신 있게, 적극적으로 행동함 • 선생님이나 친구들에게 인정받고 싶어서 열심히 함	• 자신의 뜻대로 되지 않을 때 그 감정을 어떻게 표현하는가? • 게임에서 졌을 때 어떻게 받아들이는가?

유형	특징	장점	유의해서 볼 점
명랑쾌활형	• 여자 아이지만 남자 아이들과 더 잘 어울림 • 씩씩하고 운동을 좋아함	• 자신의 주장이나 생각을 바람직한 방법으로 표현함	• 성별과 관련하여 친구들의 놀림을 받고 있지는 않은가? (예: 여자가 왜 이렇게 힘이 세?) • 학습 내용, 교구, 옷매무새 등을 정리하고 다루는 데 어려움은 없는가?
조용조용형	• 부끄럼이 많고, 낯선 환경에 적응이 빠르지 않은 편 • 발표할 때 목소리가 작음	• 차근차근 자신의 것을 챙김 • 차분하게 규칙을 잘 지킴	• 자기주장을 하지 못해 원치 않는 양보를 하지는 않는가? • 자기주장이 서툴러 긍정적인 감정 표현이 아니라 짜증을 내지는 않는가?
외유내강형	• 평균 이상의 학습 능력 • 조용하고 소극적이지만 임무에 충실하고 성실함	• 규칙을 잘 지키고 책임감이 있음 • 성실하게 노력함	• 규칙을 지키지 않는 다른 친구들 때문에 스트레스를 받지는 않는가? • '모범생'이 되기 위해 필요 이상의 희생을 하지는 않는가?

분류해 놓긴 했지만 아이를 어느 한 유형으로 규정하는 것은 바람직하지 않습니다. 우리 아이들의 모습은 매일 변하고 또 변하기 때문이지요. 강점은 살리고, 유의해서 볼 점은 관심을 갖고 지켜보는 것이 부모님과 선생님의 몫입니다.

성별에 따른 친구 관계 모습

교우 관계, 무엇이 중요할까?

저학년 학부모 상담 시 가장 많이 나오는 이야기는 역시나 '교우 관계'입니다. 아직은 갈등을 조정하는 방법이 미숙하고 관계를 맺는 능력이 미흡한 만큼 아이의 교우 관계는 부모님께서 꾸준히 살펴 주셔야 합니다. 여기서 살펴 주셔야 한다는 의미는 매 순간 개입하여 조정해 주시라는 게 아니라 문제가 생겼을 때 적절한 도움을 주셔야 한다는 의미입니다.

교우 관계를 유형화할 때 기질이나 성향보다 먼저 고려되는 것이 성별에 따른 교우 관계 경향성입니다. 남자 아이의 부모님은 "남자 아이라서 친구 관계가 걱정돼요."라고 말씀하시고, 여자 아이의 부모님은 "여자 아이라서 친구 관계가 걱정돼요."라고 말씀하십니다. 모두 이해됩니다.

남자 아이의 교우 관계

흔히들 남아의 교우 관계는 수직적이고, 여아의 교우 관계는 수평적이라고 이야기하는데요. 이러한 경향은 학년이 올라갈수록 뚜렷해집니다. 여자 아이들도 마찬가지겠지만 남자 아이들은 하나의 대집단이 형성되면 비교적 빠른 시간 안에 그 안에서 주류 무리와 비주류 무리가 나누어집니다. 그러면서 은근한 '서열'이 생겨나지요. 그렇다면 알려진 것과 같이 이 서열의 기준은 '신체 능력'일까요? 부분적으로는 맞습니다만, '축구'를 포함한 '리더십', '성격', '유머', '학습 능력' 등을 모두 포함하는 '인기'가 더 주요한 서열의 척도가 됩니다. 비교적 빠르게 형성된 이 서열은 쉽게 변하지 않습니다. 그래서 주로 나타나는 문제는 '누가 누구를 괴롭히는', '누가 누구를 무시하는', '친구가 원하지 않는 일을 시키는' 식의 양상을 보이는 경우가 많습니다. 또 그 관계가 명확하지 않은 친구와 지속적인 폭력이나 시비가 나타나기도 합니다.

여자 아이의 교우 관계

여자 아이들의 경우는 교우 관계에 보다 감정적으로 예민하게 접근합니다. 여자 아이들 사이에서도 주류 무리와 비주류 무리가 금방 나누어집니다. 그러나 남자 아이들에 비해 그 경계가 뚜렷하지 않고, 상황에 따라 달라지기도 합니다. 예를 들어 학습적인 상황에서는 A무리가 주류가 되는 반면 운동이나 예체능 활동에서는 B무리가 주류가 되기도 합니다. 이러한 경향 때문에 아이들은 그 무리 안에서 누군가를 배척하기도 쉽고 받아들이기도 쉽습니다. A무리에 있던 친구가 B무리로 가면서 B무리에 있던 친구 한 명이 따돌림을 당하는 문제가 발생하기도 합니다.

저학년의 경우는 그 관계가 뚜렷하게 드러나는 편이라 어른들에 의해 쉽게 관찰되고 목격됩니다. 아이의 친구들에게 "○○이는 요즘 학교에서 누구랑 친하니?" "○○이 반에서는 누가 제일 인기가 많니?"라고 묻거나 아이에게 "인기 많은 그 친구에 대한 ○○이의 생각은 어때?"와 같은 질문으로 알아낼 수 있는 경우가 많습니다. 아이의 교우 관계에 섣불리 개입하는 것은 금물입니다. 하지만 아이의 생각을 파악하고 다양한 놀이의 기회를 마련해 주는 발판으로 삼기 위해서는 대강의 관계를 파악해 두는 것이 좋습니다.

이런 아이라 고민이에요

지나치게 활동적이라 혼날까봐 걱정이에요

단순히 활동적인 아이라고 해서 선생님께 주의를 받지는 않습니다. 교실에서 교사가 학생들에게 주의를 주는 대표적인 행동 몇 가지가 있는데, '규칙을 지키지 않는 것', '예의에 어긋나는 행동을 하는 것', '친구들을 배려하지 않는 행동을 하는 것' 등입니다.

가끔 활동적인 아이는 규칙을 지키지 않는 아이라는 오해를 하는 부모님들이 계십니다. 하지만 활동성이 높은 아이가 규칙을 지키지 않는 것은 아닙니다. 오히려 활동성이 높은 아이가 긍정적인 에너지로 학급에 활력을 불어넣는 경우도 많으니 이를 격려하고 칭찬해 주십시오. 이때 '해야 할 일을 다 하고 친구와 놀기', '대충대충하지 않기', '선생님 말씀 조용히 끝까지 듣기', '복도에서 큰 소리로 떠들거나 뛰지 않기' 등 기본적인 규칙들을 다시 한 번 주지시켜 주시면 더욱 좋습니다.

체구가 작아서 친구를 사귀는 게 어려울까봐 걱정이에요

또래에 비해 체구가 작은 아이를 둔 부모님께서 한 번쯤 해보셨을 고민일 것입니다. "중요한 건 겉으로 드러난 키가 아니라 마음의 크기야."라고 아이에게 수십 번 이야기하지만 걱정이 되는 것은 어쩔 수 없습니다. 하지만 아이들 사이에 형성되는 '보이지 않는 서열'이 체격과 절대적인 비례 관계를 갖는 것은 아닙니다. 키가 제일 큰 아이가 가장 인기 있는 것이 아닌 것처럼요.

체구가 작은 아이들이 교우 관계나 학교생활에서 소극적인 경우는 대부분 스스로 느끼는 자신감과 관련이 있습니다. "우리 아이 키가 작아서 걱정이에요." "○○이는 키가 작아서 철봉에 손이 닿지 않는구나. 선생님이 안아서 올려줄게. 다른 친구들은 그냥 하세요."처럼 은연중에 받아온 배려와 걱정이 아이의 신체적 자존감을 다치게 했을 가능성이 큽니다. 그리고 이로 인한 소극적인 태도가 친구들 사이에서도 '작은 아이', '소극적인 아이', '체육 시간에 도움이 필요한 아이'로 각인되는 악순환이 반복되는 것이지요.

아이가 신체적 자존감을 회복하고, 리더십을 기를 수 있는 기회를 가질 수 있도록 도와주세요. 아이가 좋아하는 운동을 찾아 꾸준히 경험할 수 있게 해

주거나 아이가 주도적으로 놀이를 이끌어 갈 수 있는 환경에 노출시켜 주시는 것이 방법입니다. 긍정적이고 리더십이 있으며 운동을 좋아하는 활동적인 친구는 어딜 가든 환영받습니다. 아이의 교우 관계에 직접적인 영향을 미치는 것은 체구가 아니라 아이의 긍정성과 자존감이라는 걸 잊지 마세요.

저희 아이는 지나치게 예민해요

아이의 기질은 타고나는 것으로, 신생아 때부터 '감'이 오기 시작합니다. 조리원 퇴소 후 일주일쯤 지나면서 '아, 이 아이는 예민하구나.'라는 판단이 들기도 하지요. 대개 예민한 아이는 환경의 작은 변화도 민감하게 받아들여 부모가 예상한 것 이상의 반응을 보이곤 합니다. 분유 맛이 조금만 달라져도 먹기를 거부한다거나 어린이집 또는 유치원 반이 달라지면 틱 증상을 보인다거나 잠자는 시간이 조금만 틀어져도 쉽게 잠들지 못하는 등 다양한 방식으로 그 예민함을 드러내지요.

학교에서도 비슷한 현상을 관찰할 수 있습니다. 같은 장난에도 유난히 쉽게 화를 내고 짜증을 부리는 아이가 있습니다. 짝꿍이 조금만 큰 소리로 이야기해도 소스라치게 놀라며 귀를 막거나 학기 초 변화된 환경에 불안한 나머지 입을 닫아버리거나 손에 물감이 조금만 튀어도 화장실로 달려가는 친구들이 있습니다.

여기서 기억할 것은, 예민한 것은 부정적인 기질이 아니라는 사실입니다.

오히려 다른 사람의 외모 변화나 감정 변화를 쉽게 알아차리고 공감하며, 자극을 피하기 위해 규칙을 지키는 등 긍정적인 행동으로 나타나는 경우도 많습니다. 그러니 부모님께서는 아이가 이러한 기질을 긍정적으로 발휘할 수 있도록 도와주시는 것이 좋습니다. 주변 친구들로부터 받는 사소한 자극에 예민하게 반응하여 교우 관계에 문제가 생기지는 않는지도 살펴주셔야 합니다.

아울러 이러한 자극에 대처하는 방법을 알려주는 것도 중요합니다. 예를 들어 짝꿍이 실수로 내 작품에 물감이 튀게 했을 때 소리를 지르는 대신 내 감정을 언어로 정확하게 전달하는 것이 문제 해결에 더 도움이 된다는 것을 알려주세요. 환경 변화에 예민하여 적응에 오랜 시간이 걸리는 경우에는 그 환경에 대한 긍정적인 경험을 늘리고 충분히 기다려주셔야 합니다. 부모의 불안과 초조함이 아이의 예민함을 부정적 감정과 행동으로 이끌 수 있는 만큼 부모님의 여유가 절대적으로 필요합니다. 또 담임선생님께 아이의 성향을 미리 말씀드리면 아이가 학급에 적응하는 데 도움이 됩니다.

친구에게 지나치게 집착해요, 괜찮을까요?

이 무렵 아이들은 주변 친구들의 캐릭터를 자기 나름대로 파악합니다. 이 과정에서 친해지고 싶은 친구도 생기고, 좋아하는 친구도 생기기 시작하지요. 단짝 친구와 친한 친구 개념도 생겨서 "나는 이슬이랑 단짝인데, 이슬이가 오늘 구름이랑만 놀았어."라는 이야기를 종종 하기도 합니다. 다행인지 불행인지 저학년 아이들은 이 문제에 있어 제법 솔직하게 이야기하는 편입니다. 하지만 중학년부터는 드러내지 않고 질투를 하거나 은근히 배척하여 문제가 되곤 하지요.

　유난히 한 명의 친구에게 집착 아닌 집착을 하는 아이들이 있습니다. 그 원인과 양상은 다양하게 나타납니다. 유치원에 다닐 때부터 나와 친했던 이슬이가 마음의 안정감을 가져다준다고 여기기 때문일 수도 있고, 어딜 가나 인기 많은 이슬이를 소유하고 싶어 하는 마음일 수도 있습니다. 이러한 관계가 '이슬이'의 동의하에 이루어진 것이어도 문제가 되지만 그렇지 않은 경우 더 큰 문제가 발생합니다. 이슬이 입장에서는 이 친구 때문에 마음에 드는 다른 친구들과 마음 놓고 놀 수 없고, 학습적인 부분에도 방해를 받는다고 느낄 수 있기 때문입니다.

　이렇듯 친구 혹은 단짝의 개념을 잘못 이해할 경우 그 집착은 더더욱 커집니다. 친구는 한 명이고, 그 친구가 나랑만 놀아야 한다는 생각을 갖고 있을 경우 원하는 대로 관계가 이루어지지 않았을 때 느끼는 상실감과 상처가 무척 큽니다. 이럴 땐 "이슬이 말고 다른 친구랑 놀면 되잖아. 넌 걔가 그렇게 좋니?"라고 하기보다는 아이의 마음을 헤아리는 게 먼저입니다. 이슬이랑만 놀고 싶은 이유에 대해 묻고 충분히 시간을 들여 대답을 들은 뒤 그 감정을 공감해 주세요. 그런 다음 다른 친구들에게도 관심을 가질 수 있도록 물리적이고 심리적인 기회를 주시는 것이 방법입니다. 이때 다른 친구들의 좋은 점에 대해 충분히 이야기를 해주세요. 단짝 친구도 중요하지만 다양한 친구들과의 상호 작용 속에서 성장을 이루어야 하는 시기니까요.

저희 아이는 너무 순하고 소심해요

30명의 아이들이 한 교실에 앉아 있습니다. 담임선생님이 묻습니다.

"친구들, 지난 주말에 무엇을 했나요? 손을 들어 발표해 볼까요?"

대략 몇 명의 아이들이 손을 들까요? 5명? 10명? 20명? 학급에 따라 다르겠지만 1학년의 경우 70% 이상의 아이들이 손을 듭니다. 그렇다면 나머지는 왜 손을 들지 않을까요? 가장 큰 이유는 '눈에 띄기 싫어서'입니다. 기질 자체가 소극적이고 소심한 아이들은 타인의 주목을 받는 것을 힘들어합니다. 완벽하게 잘하지 못하는 것이나 틀리는 것에 대해서도 두려움을 느낍니다.

친구들이 다 고르고 남은 색깔로 작품을 만드는 우리 아이, 주기 싫은 것을 억지로 주고는 괜찮은 척하는 우리 아이. 이런 모습을 보고 있으면 속상하기가 그지없습니다. "어유, 답답이. 갖고 싶은 게 있으면 큰 소리로 친구한테 말해!" "손들고 선생님한테 큰 소리로 이야기하면 되잖아?" 이러한 멘트가 목구멍까지 올라오지요.

아이 안에 숨어 있는 '단단함'을 높이 평가해 주세요. 이런 기질의 아이들은 대부분 꼼꼼하게 계획을 세우고 신중하게 행동합니다. 교우 관계에서도 다양한 친구들과 넓은 관계를 맺기보다는 몇몇의 친구들과 깊은 관계를 이어 가지요.

부모가 아이의 성향에 대해 부정적인 시각을 가지고 낯선 환경에서 당당할 것을 강요하는 것은 바람직하지 않습니다. 충분히 기다리면서 차곡차곡 다져 나가는 단계를 칭찬한다면 아이도 자신의 장점이 무엇인지를 충분히 인지할 것입니다. 이렇게 하는 과정에서 학급 내에서도 서서히 자신의 역할을 찾아간답니다.

틀린 게 아니라
다른 거예요

하나를 알고도 열을 안다 말하는 아이
vs. 열을 알고도 하나도 모른다 말하는 아이

"(글을 읽고) 이 글에서 주인공의 마음은 어땠을까요? 손을 들어 발표해 볼까요?"
선생님의 말에 1학년 4반 아이들 30명 가운데 20명이 손을 듭니다.
"구름이가 발표해 볼까?"
선생님이 구름이를 지목합니다. 선생님의 지목을 받은 구름이가 자신 있게 일어서서 말합니다.
"선생님, 아직 잘 모르겠어요. 질문이 뭐였어요?"
그 말을 들은 구름이의 짝꿍 하늘이는 생각합니다.
'나는 답을 알 것 같은데… 선생님이 시켜주시면 잘할 수 있는데… 하지만 손을 들기는 부끄러워.'

교실 현장에서 하루에도 몇 번씩 접하는 상황입니다. 우리 아이는 어느 쪽에 가까운가요?

주로 친구들이나 선생님에게 주목받는 것을 좋아하는 아이는 구름이와 같은 모습입니다. 이런 아이들은 대부분 모둠 활동이나 학급의 다른 학습 활동에 적극적으로 참여합니다. 선생님이나 부모님은 친구들과 의견을 조율하는 방법을 알려주고, 발표할 내용을 미리 마음속으로 생각하여 그 내용을 말로 잘 표현하도록 이야기하게 합니다.

반면 하늘이와 같은 성향의 아이들은 모둠이나 토론 활동에서는 두드러지지 않지만 개인이 학습한 내용을 학습지에 정리하거나 소규모 토의 활동 등에서는 높은 이해도를 드러내며 충실히 참여하는 경우가 많습니다. 어린이집이나 유치원에 다닐 때 선생님께 "하늘이는 소리 없이 강한 아이예요."라는 피드백을 들어본 경험이 있으신가요? 그렇다면 아이에게 '오늘 학교에서 손들고 3번 발표하기'와 같은 미션을 주세요.

이런 아이들은 사회적 불안이 높거나 자존감이 낮은 경우가 있으니 빠른 속도로 끌고 가기보다는 자존감을 먼저 다진 뒤 사회적 불안이 다소 낮은 장소에서 서서히 미션을 해결해 나갈 수 있도록 도와주는 것이 좋습니다. 빠른 것이 무조건 좋은 건은 아니니까요. 우리 아이는 지금 천천히 나아가고 있답니다. 천천히 나아가는 모습을 지켜보며 응원해 주는 것이 아이에게 큰 힘이 됩니다.

혼자서도 잘해요! 독립적인 아이
vs. 선생님 도와주세요! 의존적인 아이

> 종이 접기 시간입니다.
> "이렇게 세모로 반을 접고 아이스크림 접기 한 번."
> 그 말에 달이가 접고 있던 종이를 들고 앞으로 나와 묻습니다.
> "선생님, 이렇게요?"
> "응. 맞아."
> "이제 이 방향으로 반을 접어요."
> 선생님의 말이 끝나자 달이가 또 종이를 들고 나와 묻습니다.
> "선생님, 이렇게요?"
> 그러자 옆에 있던 별이가 말합니다.
> "선생님, 그냥 끝까지 빨리 가르쳐주시면 안 돼요?"

    교실에는 다양한 성향의 아이들이 있습니다. 특히 활동 중심의 수업을 해보면 그 성향의 차이가 더욱 두드러지지요. 달이처럼 단계마다 확인받고 싶어 하는 아이도 있고, 별이처럼 혼자서 빨리 하고 싶어 하는 아이도 있습니다. 과제 자체가 어려운 것이 아님에도 단계마다 선생님께 확인받고 싶어 하는 아이는 자신의 수행에 확신이 없어서일 수도 있고 선생님이나 친구들의 관심을 받고 싶어서일 수도 있습니다. 활동에 자신감을 가지고 참여할 수 있도록 부모님의 도움이 수반된다면, 또 관심과 인정을 받을 수 있는 다양한 방법을 제시해 준다면 그 빈도는 서서히 줄어듭니다.

한편 과제가 끝날 때까지 한 번의 질문도 하지 않고 묵묵히 수행하는 아이들은 크게 두 부류로 나눌 수 있습니다. 먼저 과제가 어렵지 않아서 혼자 해낼 수 있거나 독립적인 성향이 강하여 질문이나 피드백 없이 혼자서 할 수 있는 경우입니다. 다른 하나는 질문하고 싶은 것은 많지만 소극적인 성향인지라 질문하지 못하는 경우입니다. 전자에 속하는 아이는 선생님께 적극적으로 도움을 요청하고 피드백을 받을 수 있기 때문에 과제를 해내는 데 큰 어려움이 없습니다. 하지만 후자인 아이는 다른 친구들의 과제가 마무리될 때까지 초기 상태에서 크게 진척되지 못한 상태로 가지고 있는 경우가 많습니다. 우리 아이가 이런 성향이라면 가정에서 역할놀이를 통해 의사를 표현하는 연습을 자주 하고, 사회적 상황에서 내 생각을 표현하는 연습을 꾸준히 시켜주셔야 합니다. 이와 함께 도움이 필요한 상황에서 도움을 요청하는 것은 자신의 부족함을 드러내는 것이 아니라 용기를 드러내는 멋진 행동이라는 것을 인지시켜 주세요.

지고 나면 분해서 눈물을 글썽거리는 아이
vs. 져도 괜찮아, 승부에 지나치게 쿨한 아이

옆반과의 합동 놀이 시간이 끝났습니다. 오늘은 반 대항전으로 달팽이 가위바위보 게임을 했는데 3:2로 옆반이 승리했습니다. 담임선생님은 승패는 중요하지 않다며, 즐겁게 게임을 즐겼으니 됐다고 이야기하지만 보름이의 마음은 풀리지 않습니다. 친구들도 억울한 듯 한 마디씩 거들자 결국 보름이는 눈물을 터뜨리고 맙니다

1학년 아이들과 놀이 또는 게임을 해보면 아이들이 생각보다 승패에 예민하고 결과에 집착한다는 사실을 확인하게 됩니다. 이 무렵 아이들은 자존감을 확인할 다양한 방법을 습득하지 못합니다. 그래서 게임의 승패나 놀이의 성공 여부로 자존감을 확인하고 인정받기를 원하는데, 이는 매우 자연스러운 현상입니다.

이 무렵 학교에서 진행되는 놀이는 대부분 '승패'로 보상하기보다는 '과정의 중요성'을 깨닫게 하기 위한 방법을 사용합니다. "졌지만 덕분에 우리가 즐거운 시간을 가졌지?" "모두 규칙을 지키며 참여했지?"와 같은 말로 다 함께 이야기하는 기회를 갖는 것이지요. 물론 대부분의 아이들이 겉으로는 괜찮다고 하지만 속으로는 부글부글하고 있다는 것을 어른들은 알고 있습니다.

하지만 아이의 성향에 따라서 이를 납득하지 못하는 경우가 종종 있습니다. 승부욕이 지나친 나머지 타인을 경쟁 상대로만 여겨 패배를 인정하지 않는 것이지요. 이런 아이들은 "오늘 우리 반이 진 건 상대 팀이 반칙을 했기 때문이야." "오늘 내가 수학 시험에서 하나 틀리긴 했는데, 선생님이 문제를 이상하게 내서 그런 거야."라는 식으로 자기 합리화를 하거나 잘못을 상대방 탓으로 돌립니다. 아이러니하게도 이런 자기합리화나 남 탓은 자존감이 낮은 아이들에게서, 융통성이 부족한 아이들에게서 나타나는 경향이 있습니다.

이때 부모님의 반응이 중요합니다. "야, 그걸 지냐. 엄마는 늘 1등만 했는데."와 같은 말은 아이의 자존감을 더 다치게 하고 승부에 더 집착하게 만듭니다. '게임 한 판 진다고 뭐가 달라지진 않아.' '대신 난 다른 걸 잘하잖아.' '함께 놀아서 즐거웠어.'처럼 유연한 사고를 할 수 있도록 도와주어야 합니다.

반대로 승부에 지나치게 쿨한 아이들 역시 부모님에게는 고민입니다. 이때는 승부에 쿨한 이유에 대해 한 번쯤은 살펴볼 필요가 있습니다. '마음이 단단한 아이여서'이거나 '자존감이 높은 아이이기 때문에'라면 긍정적인 신호지만 '과제 집착력이 낮아서'이거나 '쉽게 포기하는 아이어서'라면 피드백이 필요합니다. 후자의 경우라면 충분한 성공 경험을 가질 수 있도록 기회를 마련해 주어야 합니다. 아이가 느끼기에 도전적이면서도 아이의 능력에 적합한 난이도의 과제를 부여해서 자신감을 키워 주는 것이 필요합니다.

모르는 내용에 소극적인 아이
vs. 아는 내용을 지켜워하는 아이

"여름에 볼 수 있는 과일은 무엇이 있을까? 음, 하루가 이야기해 볼래?"
"……. 잘 모르겠어요."
선생님이 하루의 교과서를 슬쩍 들여다봅니다. 수박, 참외…. 몇 번을 지웠다 썼다 반복한 흔적 위에 삐뚤빼뚤한 글씨가 보입니다.
'(소근소근) 하루야, 잘했는데 왜 발표하지 않았니?'
'……. 이거 맞아요?'

(잠시 뒤)
선생님의 설명이 이어집니다.
"참외 씨앗을 관찰해서 그려볼……."

> 그때 뒤에서 미래가 시끄럽게 떠드는 소리가 들립니다.
> "누가 이렇게 떠들지?"
> "선생님, 저 다했는데요! 참외 단면 그리는 것도 다했고, 참외 씨도 다 그렸고, 69쪽이랑 70쪽도 다했어요!"

하루와 같은 성향의 아이들은 모르는 것, 해보지 않은 것에 대한 두려움이 큽니다. 심지어 잘할 수 있는 상황에서도 두려움 때문에 시도하고 도전하는 것을 망설이지요. 우리 아이가 이러한 성향이라고 생각된다면 아이와 함께 교과서를 소리 내어 읽어보거나 주간 학습 안내문을 미리 살펴보는 것이 도움이 됩니다. 부모님께서 미리 내용을 파악하고 아이와 수다를 떨 듯 이야기를 나누거나 관련된 경험을 해보는 것이지요. 이는 선행학습을 의미한다기보다는 미리 들어본 단어, 한 번 해 본 것에 대한 불안감을 낮추는 데 그 목적이 있습니다.

미래와 같은 아이는 지나치게 많은 경험이 오히려 바르지 못한 학습 태도를 갖게 했다고 볼 수 있습니다. 초등학교의 학습 내용은 단기간에 따라잡을 수 있는 상식에 가까운 내용이 대부분입니다. 그래서 초등 공부는 학습 내용보다 올바른 학습 태도와 습관을 형성하는 데 중점을 두고 있습니다. 그런 만큼 가정에서는 아는 내용이라도 선생님의 설명을 귀담아 듣고, 중요한 내용을 기억하거나 적으려고 노력하며, 선생님과 친구들의 진도에 맞추어 차곡차곡 과제를 수행해 나가는 습관을 들일 수 있게 지도해 주시는 것이 좋습니다. "어차피

넌 다 아는 거니까 친구들이나 선생님의 설명을 기다리지 말고 네 것만 잘하면 돼."라는 피드백은 바람직한 학습 태도의 형성을 저해합니다. 이런 상황이 누적되면 오히려 더 큰 학습 결손이 생길 수 있으니 가정에서 동참해 주시길 부탁드립니다.

하나부터 열까지 모든 이야기를 다 하는 아이 vs. 무엇을 했는지 모른다고 하는 아이

하교 시간, 아이들이 우르르 정문을 빠져 나옵니다. 엄마를 발견한 호두가 얼마를 향해 달립니다.

"엄마 오늘 4교시에 공놀이를 했는데, 달이가 공을 너무 걸리 던져서 펜스를 넘어간 거야! 그래서 선생님이 주우러 갔었어. 2교시에는 받아쓰기를 했는데, 선생님이 2번 다음에 4번을 불렀어. 그래서 '어? 이상하다' 하고 있는데 마루가 선생님한테 이상하다고 말했더니 선생님이 엄청 칭찬해줬어. 또 즐거웠던 일, 그리기를 했는데 구름이가 부산에 있는 해수욕장에 갔다 온 걸 그렸더라고. 나도 갔다 왔다고 말해 줬어."

학교에서 있었던 일을 재잘재잘 이야기하는 호두. 옆에서 듣고 있던 마루 엄마가 마루에게 묻습니다.

"마루야, 진짜야? 그런 일이 있었어? 그래서 너는 뭘 그렸는데?"

"응? 아, 몰라. 기억 안 나."

마루 엄마는 이런 아이의 모습이 살짝 야속합니다.

이는 빠르면 서너 살 때부터 드러나는 성향 차이입니다. 기관에 보낸 부모님 입장에서는 아이가 어린이집이나 유치원에 가서 하루 종일 무엇을 하고 오는지, 어렵거나 힘든 일은 없었는지, 선생님과 친구들과의 관계는 어떤지 궁금한 것이 많을 수밖에 없습니다. 엄마의 이런 궁금증에 대해 묻지도 않았는데 재잘재잘 말해 주는 아이가 있는 반면 아무리 물어도 쉽게 말해 주지 않는 아이도 있습니다.

호두와 같은 아이들이 학교에서 있었던 일을 이야기할 때는 지나치게 평가적인 태도보다는 공감과 이해의 자세를 취하는 것이 좋습니다. "진짜? 걔는 왜 그랬다니? 거짓말쟁이구나?"와 같은 단정적인 반응이나 평가하는 태도는 아이의 교우 관계에 좋지 않은 영향을 미칠 수 있습니다. "진짜? 민영이가 100점을 받았어? 그럼 넌 몇 점인데?"와 같이 다른 친구와 비교하는 태도를 취했다가는 더 이상 아이의 학교생활 이야기를 듣지 못하게 될 수도 있습니다. 그러니 평가나 단정보다는 공감에 집중해 주세요. 또 아이가 이야기할 때 부모님께 칭찬받기 위해 자신이 겪은 문제 상황에 대해서는 빼놓고 이야기하는 경우가 있습니다. 혹시 우리 아이가 그러지는 않는지, 왜곡된 이야기를 전하지는 않는지 유심히 살피는 자세도 필요합니다.

마루와 같은 아이들에게 학교생활에 대한 이야기를 듣기 위해서는 단답식 대답이 가능한 질문은 피하는 것이 좋습니다. "마루야, 엄마가 정말로 궁금해서 그러는데 오늘 학교에서 재미있었어?"라고 묻는다면, "응."이라는 대답밖에 듣지 못할 것입니다. 이럴 때는 단서를 주어 바로 대답할 수 있게 묻는 것도 방법입니다. "오늘 미술 수업이 있었네? 우리 마루는 뭐 그렸니?"가 아니라 "미술 시간에 호두가 해운대 다녀온 장면을 그렸다며? 우리도 해운대 갔었잖아. 마루는 뭐 그렸어?"라고 질문했을 때 원하는 대답을 들을 확률이 높습니다. 마지막으로 아이가 이야기를 할 때는 기회를 놓치지 말고 폭발적이며 긍정적인 반응을 보여주세요. 그래야 '학교생활 이야기 2탄'을 들을 수 있는 확률이 높아집니다.

나는 어떤 유형의 부모일까?

불안한 부모, 불안한 아이!?

흔히들 아이가 1학년이면 엄마도 1학년이라고 합니다. 학교라는 낯선 공간은 아이도 불안하게 만들지만 부모님까지 불안하게 만들곤 하지요. 원래 걱정이 많고 민감한 부모님이라면 상대적으로 더 불안함이 클 것입니다. 안타깝게도 이러한 불안감은 아이에게도 고스란히 전달되어 아이가 학교생활에 적응하는 데 영향을 미치기도 합니다. 아래의 예시를 참고하여 아이에게 입버릇처럼 해온 말은 없는지 돌이켜 보십시오.

"너 학교 가면 이런 것도 해야 하는데 어떻게 할래?"

입학을 앞두고 아이만큼이나 부모님의 걱정도 한 가득입니다. 아직 아기 같기만 한 우리 아이가 학교에 가서 적응은 잘할지, 한글을 잘 모르는 아이가 수업에 참여하고 선생님 말씀은 잘 알아들을지 매일매일 걱정이 쌓여가지요. 그런데 이러한 부모님 마음을 아이는 기가 막히게 알아차립니다. 심지어 부모님이 은연중에 내뱉는 말의 영향을 받기도 하지요. "너 학교 가면 젓가락으로 밥 먹어야 하는데 이래가지고 어떻게 할래?" "학교 가면 매운 음식도 나와. 남기지 않고 다 먹을 수 있겠어?" "학교 가면 이거보다 훨씬 어렵고 글씨가 많은 책을 읽어야 하는데 이것도 못 읽어서 어째?" "학교 선생님은 유치원 선생님보다 훨씬 무서워. 지금처럼 행동하는 거 봐주지 않아."

이렇게 되면 아이는 학교를 불안하고 무서운 곳으로 받아들이게 됩니다. 부모님들께 당부 드립니다. 아이에게 학교에 대한 부정적인 언어보다는 긍정적인 말로 기대감을 심어주세요. 개선하고 싶은 문제 행동이 있다면 학교와 연관시키기보다는 아이의 '성장'과 연관시켜 설명해 주세요. "이제 여덟 살이 되었으니 스스로 해 보자." "유치원을 졸업하고 형(언니)이 되었으니 이제 젓가락으로 밥을 먹어 볼까?"라는 식으로요.

"너 자꾸 그러면 친구들이 다 싫어해."

비교적 다른 곳으로의 이동이 쉬운 유아 교육 기관과 달리 학교는 한 번 입학하면 이사를 하지 않는 이상 6년을 줄곧 다니게 됩니다. 그렇다 보니 부모님 입장에서는 주변의 시선을 의식하게 됩니다. '우리 아이가 예의 없는 아이로 소문나서 다른 친구 엄마들이 싫어하면 어쩌지?', '우리 부부가 맞벌이를 한다고 다른 엄마들이나 담임선생님이 아이 관리에 소홀하다고 생각하면 어쩌지?'

처럼 확인되지 않은 사실을 가지고 혼자 고민하시는 것이지요.

문제는 앞에서와 마찬가지로 이 고민이 아이에게 고스란히 전달된다는 데 있습니다. 부모님의 불안감을 전달받은 아이는 교우 관계에 소극적인 태도를 보이거나 심할 경우 친구가 무섭다며 학교를 거부하는 일이 생기기도 합니다. "너 이러면 친구들이 다 싫어해." "네가 이러는 거 친구들이 아니?" "너 친구들이 냄새난다고(더럽다고 / 이기적이라고 / 바보 같다고) 놀아주지 않으면 어쩔래?" 이런 말들은 지양해 주세요. 대신 '나 전달법'(73쪽 참고)이나 '비폭력 대화'로 아이의 마음을 안정시켜 주세요.

아이의 문제 행동을 당장 개선해 주고 싶은 마음이 드는 것은 당연합니다. 하지만 아이는 매일매일 배우는 존재라 했습니다. 한 걸음 물러서서 바라보는 자세도 필요합니다. "네가 그렇게 행동하면 엄마가 실망스러울 것 같아." "단정하지 못한 모습을 보니 엄마가 조금 실망스러워. 놀고 싶은 네 맘도 알지만…"과 같은 대화법을 사용해 보시기를 추천합니다.

해결형 부모, 의존적인 아이!?

"친구가 그렇게 했다고? 아빠가 사과 받아줄게."

초등학교는 '지식 전달' 역할을 넘어 아이들이 작은 사회에서 겪는 갈등 상황에 부딪혀 보고 이를 해결해 나가는 과정을 통해 사회성을 기르는 역할도 하고 있습니다. 하지만 부모님 입장에서는 갈등 상황 앞에서 고민하는 아이가 안쓰러울 것입니다. 자신의 생각을 당당하게 말하지 못하는 모습을 보면 대신 나서고 싶은 충동이 들기도 할 것입니다. 물론 학교 폭력처럼 아이 혼자 해결할 수 없는 문제는 부모님의 도움이 필요합니다. 하지만 아이가 충분히 해결할 수 있는 상황이라면 다릅니다. 크고 작은 문제가 생길 때마다 부모님이 나선다면 아이는 갈등을 해결하는 능력을 배우지 못하고, 상황도 계속 악화될 것입니다. 이는 결과적으로 아이의 자존감을 떨어뜨리고 타인에 대한 의존심을 더욱 커지게 만들 뿐이지요. 아이가 성장함에 따라 이러한 부모님의 태도가 아이의 교우 관계에도 부정적인 영향을 미친다는 사실을 꼭 기억해 주십시오.

조금은 답답하겠지만 아이 혼자 해결할 수 있도록 힘을 실어주셔야 합니다. 가장 먼저 갈등 상황에 닥친 아이가 원하는 것이 무엇인지를 파악하세요. 화해일 수도 있고, 회피일 수도 있습니다. 그런 다음 아이가 할 수 있는 일이 무엇인지 충분히 이야기를 나누세요. 작은 것부터 하나씩 실천하고 풀어나갈 수 있도록 하는 것입니다. 이 과정을 통해 아이는 스스로 문제를 해결하는 능력을 배웁니다. 단, 같은 문제가 여러 번 반복되거나 폭력과 같은 큰 사안이 발생했을 때는 반드시 선생님께 도움을 요청하시는 등 어른의 개입이 필요합니다.

"엄마가 숙제 다 해줄게. 넌 이름만 써."

어른들 눈에는 시시하고 별 것 아닌 것처럼 보이는 초등학교 과제. '잘한 작품'이 되기 위해 필요한 것이 무엇인지 눈에 빤히 보이는데 아이는 엄마 마음도 모르고 신나서 자신의 작품 세계에 빠져 있습니다. 심지어 말도 안 되는 고집을 부리며 엉뚱한 걸 하겠다고 하니 속이 타들어갑니다.

이럴 때 필요한 것이 부모님의 인내력입니다. "그거 아니잖아. 엄마가 말하는 대로 해."라고 말하고 싶은 마음을 꾹꾹 눌러주세요. 그보다 이 과제의 목적이 어디에 있는지를 한 번 더 생각해 보십시오. 초등학교 과제는 결과가 아니라 '아이 스스로 성취하는 경험을 하게 하는 것'에 목적이 있습니다.

물론 방향이 틀릴 수 있습니다. 하지만 우리 아이는 지금 시행착오를 통해 맞는 방향으로 가는 방법을 배우고 있습니다. 완전히 엉뚱한 것을 하고 있다거나 심각한 오류를 범하고 있다거나 방향을 몰라 갈팡질팡하고 있을 때는 약간의 도움을 주셔도 됩니다. "표를 그려서 해보면 어떨까?" "다른 책에는 어떻게 나와 있는지 찾아볼까?" 등과 같은 팁을 제공하는 것도 좋습니다. 하지만 이때 필요한 것은 '도움'이지 '대신 해주는 것'이 아닙니다. 이렇게 다져진 자기 주도 학습 습관과 독립적인 학습 태도가 중학교와 고등학교 공부에 중요한 밑거름이 된다는 것을 잊지 마세요.

Q&A
우리 아이, 이래도 괜찮을까요?

꾸준히 하는 것을 어려워해요.

어른도 마찬가지입니다. 구체적이고 촘촘한 계획 없이 목표만 세워서는 어떤 일도 지속하기 어렵습니다. 할 일 다 하고 놀기, 하루 2시간 공부하기와 같은 목표는 지키기 어려운 계획입니다. 아이가 어릴수록 시간은 짧되 적절한 보상을 해주어 꾸준히 지속할 수 있도록 해야 합니다. 저녁 8시에 수학 학습지 1쪽 풀기, 저녁 식사 후 30분간 놀이터에서 자전거 타기, 자기 전에 엄마 아빠와 10분 동안 책 읽기 등 구체적인 항목을 체크리스트로 만들어 보세요. 실행 여부를 아이가 기록할 수 있게 하면 더욱 효과가 좋습니다.

그림책이나 학습만화만 보려고 해요.

아이가 책 편식을 할 때는 어떻게 해야 할까요? 아이들에게는 균형 잡힌 독서가 필요합니다. 다양한 분야의 책을 골고루 읽는 것이 중요합니다. 그렇다고 학습만화가 꼭 나쁜 것만은 아닙니다. 다만 학습만화를 볼 때 그림과 쉬운 전개 상황만 보는 건 아닌지 점검할 필요가 있습니다. 학습만화에는 해당 주제에 대한 내용을 정리해 놓은 부분이 있습니다. 이 부분을 읽지 않으면 학습 관련 어휘나 정보를 쉽고 흥미롭게 얻으려는 학습만화를 읽는 취지가 무색해집니다. 주제에 대한 더 쉬운 책을 먼저 읽히거나 부모님이 함께 주제 정리 섹션 부분을 읽음으로써 어휘력과 이해력을 키우는 데 도움을 주셔야 합니다. 만화를 특히 좋아하는 아이의 경우에는 줄글로 된 책을 읽고 책의 내용으로 나만의 만화책으로, 학습만화책으로 만들어 보는 등 책놀이 형태로 만화를 이용할 수도 있습니다. 그리고 학습만화는 학년이 올라갈수록 서서히 줄이다가 끊는 것이 좋습니다. 과자로 아이의 건강을 기대하지 않는 것처럼 독서도 마찬가지입니다.

열심히 하는데 노력만큼 성과가 나오지 않아요.

1학년 때 학습에 오랜 시간을 들이는 경우는 많지 않을 것입니다. 하지만 학년이 높아질수록 '엉덩이 힘'이 중요합니다. '엉덩이 힘'으로 공부한다는 말이 있는데, 공부에 필요한 체력, 인내, 집중력을 의미합니다. 단순히 오래 앉아 있는 것이 아닙니다.

공부하는 데 들이는 시간과 노력이 많음에도 불구하고 결과가 만족스럽지 못하다면 우선 학습 저해 요인을 파악해야 합니다. 중요한 것이 무엇인지 몰라 놓치고 있는 건 아닌지, 다른 생각을 하며 눈으로만 읽는 건 아닌지, 배경 지식이 적어서 내용을 이해하지 못하는 건 아닌지 파악해 볼 필요가 있습니다. 또 내 아이가 알고 있는 것과 모르는 것이 무엇인지를 파악하는 메타인지 점검을 통해 아이에게 질문을 해야 합니다. 아이의 설명을 들으면서 놓치고 있는 부분을 확인하고, 수학의 경우 반드시 오답 풀이를 통해 잘못 알고 있거나 틀리게 계산한 부분을 스스로 찾아낼 수 있게 지도해야 합니다. 특히 저학년 때는 교과서를 소리 내어 읽어보게 하는 것이 좋습니다. 자기 목소리를 들으면서 눈으로 읽고 손으로 쓰는 시각, 청각, 촉각이 결합된 방식을 취하면 집중력이 높아져 더 큰 효과를 볼 수 있습니다.

글로 쓰는 걸 너무 싫어해요.

　글로 쓴다는 것은 머릿속의 다차원적인 생각을 2차원으로 정리하기 위한 논리적인 사고가 필요한 과정입니다. 그렇다 보니 저학년일수록 특히 어려워하며, 고학년이 된다고 해서 저절로 생기는 능력도 아닌지라 고학년도 어려워합니다. 1, 2학년 때 그림으로 표현하는 활동이 많은 것도 이 때문입니다.

　글로 쓰기 전에 말로 먼저 표현하면 좀 더 쉽게 접근할 수 있습니다. 생각을 글로 정리할 때는 한 단어→두 단어→한 문장→두 문장…의 방식으로 확대시켜 주는 것이 좋습니다.

연필이 아니라 샤프만 쓰려고 해요.

　연필로 글씨를 쓰는 것은 손의 힘을 길러주고 소근육을 발달시키는 과정이라는 점에서 의미가 있습니다. 이를 통해 힘을 주어 글씨를 쓰고, 바른 자형을 형성하는 것을 도모하는 것이지요. 하지만 샤프는 연필과 달리 다소 가볍고 미끄러울 수 있는 필기감으로 아이의 바른 자형 형성을 방해할 수 있습니다. 또 필압을 조절하지 못해 샤프심이 부러져 눈에 튀는 안전사고가 발생할 우려도 있습니다. 따라서 자형이 형성되는 저학년 때에는 연필을 사용할 것을 권합니다.

　연필은 매일 집에서 깎아 준비해 주세요. 학교에 연필깎이가 준비되어 있기도 하지만 쉬는 시간에 놀다가 연필 깎는 것을 잊어버리기도 하므로 미리 준비해 주시는 것이 좋습니다.

PART 2

봄

: 우리들은 1학년, 학교에 갑니다

본격적인
초등 생활의 시작

선생님의 교육 철학을 알 수 있는 날, 학부모 총회

앞에서 입학과 동시에 학기 초 이어지는 여러 행사들에 대해 설명했습니다. 이번 Part 2에서는 계절의 변화에 맞춰 다시 한 번 설명드리려 합니다. 우리 아이들만 복습과 예습이 필요한 것이 아닙니다. 부모님들께서도 예습과 복습이 필요합니다. 앞에서 숙지하신 부분은 복습한다는 생각으로, 정확하게 알지 못하고 있었던 부분은 예습한다는 생각으로 읽어주시길 부탁드립니다.

꼭 해야 하는 중요한 행사 두 가지, 학부모 총회와 상담이 봄에 이루어집니다. 학부모 총회와 학기 초 상담은 1년간의 학교생활에 매우 중요한 역할을 합니다. 맞벌이 가정에서 연차를 내신다면 이 두 행사에 쓰실 것을 권합니다. 학교는 부모님의 부담을 지우지 않기 위해 행사를 줄이고 있는 추세이지만 '학부모 총회', '학부모 상담' 이 두 가지는 꼭 참석해 주시길 권합니다. 학부모 상담은 담임선생님과 합의 하에 야간에도 가능하고, 상담 주간이 아닌 기간에도 가능하니 편하게 일정을 잡으시면 됩니다.

학부모 총회는 1년간 우리 아이의 담임선생님이 학급을 어떻게 운영할지 소개하는 시간, 즉 교사의 교육 철학을 알 수 있는 장입니다. 먼저 학교장의 환영 인사와 학교 경영 방침, 학교의 교육 방향, 주요 교육 사업, 활동 등이 안내됩니다. 그런 다음 담임선생님의 자기소개와 교육 활동 및 학급 경영 전반에 대한 안내가 이뤄지지요. 부모님들이 우리 아이의 학교생활에 궁금해하는 부분들에 대한 상세한 안내가 이루어지는 날이니 가능하면 참석하실 것을 권합니다. 학급 규칙, 출결과 관련하여 주의할 점, 담임선생님께 연락하는 방법 등 모든 것을 알 수 있는 날입니다.

아이들이 안전하고 즐거운 학교생활을 하기 위해서는 학교뿐 아니라 부모님의 도움도 필요합니다. 이를 위해 학부모회 위원, 즉 학급 대표를 뽑아야 하는데 혹시라도 내가 될까봐 부담을 느끼실 수 있습니다. 학부모회 위원이 되면 아이의 학교를 더 잘 이해하고 다양한 의견을 낼 수 있습니다. 녹색학부모회, 준비물실 봉사, 급식 모니터링 등은 학교 상황에 따라 뽑지 않거나 전체 학부모가 돌아가면서 하기도 합니다. 반마다 정해진 수의 인원을 선발해야 할 경우 담임선생님과 학부모 사이에 어색한 기류가 흐르기도 합니다. 담임선생님 입장에서는 자원해 주시는 모든 부모님께 감사한 마음을 가집니다. 특히 자원자가 가장 적은 녹색학부모회에 신청해 주실 때 더 큰 고마움을 느낍니다.

아이에 대해 솔직한 대화를 나눌 기회, 상담

상담은 담임선생님과 부모님이 일 대 일로 우리 아이에 대해 교육적 견해를 나누는 시간입니다. 1학년 첫 상담은 아이가 초등학교라는 새로운 환경에 어떻게 적응하고 있는지를 중심으로 대화가 이루어집니다. 이와 함께 가정에서 도와줄 부분이나 선생님이 꼭 알고 계셔야 할 아이의 특성을 알려주시면 선생님과 학부모 양쪽 모두에게 도움이 됩니다. 사정상 대면 상담이 어려운 경우에는 전화 상담도 가능하니 꼭 하시기 바랍니다.

학교에서 담임선생님과 이루어지는 상담은 크게 두 가지입니다. 매 학기 초 학부모 상담 주간에 이루어지는 정기 상담이 하나이고, 상황과 필요에 따라 이루어지는 비정기 상담이 다른 하나입니다. 방법은 간단합니다. 상담 주간에 부모님의 상황에 따라 대면 상담, 전화 상담, 글 상담 가운데 하나를 신청하시면 됩니다.

대면 상담은 말 그대로 학교에 직접 방문하여 담임선생님과 얼굴을 보면서 진행합니다. 선생님은 학교에서 본 자녀의 모습, 친구들과 함께 있을 때 드러나는 특성, 가정에서 도와주시면 좋을 부분에 대해 이야기를 합니다. 이때 부모님이 궁금하셨던 부분들을 질문하면 더 알찬 상담이 되겠지요. 선생님은 상담을 통해 우리 아이에게 꼭 필요한 교육적 부분을 제공하려고 합니다. 그런 만큼 부모님의 협조 없이는 교육적 효과가 적습니다. 선생님이 가정에서 도와달라고 하는 부분은 교실에서 하는 것만으로는 부족하고, 또 우리 아이의 미래에 꼭 필요하기 때문입니다. 한마디로 우리 아이가 혹시라도 받을지 모르는 상처를 막기 위함이니 귀 기울여 들어 주세요.

여러 이유로 사정이 여의치 않아 대면 상담이 힘든 경우에는 전화나 글을 통해서도 가능합니다. 전화 상담 시에는 요일과 시간을 잘 숙지하셔야 합니다. 상담 시간은 일반적으로 15~20분을 넘지 않는데, 아이에 대해 이야기를 나누다 보면 자연스럽게 통화가 길어집니다. 이 경우 다른 부모님의 상담 시간이 늦어질 수 있으니 가능하면 안내된 상담 시간을 지켜주시길 부탁드립니다. 또한 약속된 시간이 아닌 시간에 전화를 하시면 다른 학부모님의 상담 시간을 방해할 수 있다는 것을 기억해 주세요.

정기 상담 주간이 아니어도 필요하다는 생각이 들면 담임선생님께 상담 신청을 할 수 있습니다. 먼저 어떤 일로 상담을 하고 싶은지 알려주시면 선생님께서 대면 혹은 전화 상담 가능 시간을 안내해 주실 겁니다. 그런데 간혹 이른 아침 수업 직전에 전화를 하시어 상담을 요청하는 부모님이 계십니다. 하지만 아이들이 교실에 있는 시간에는 학생들을 돌보고 수업을 진행해야 하기 때문에 오는 전화를 모두 받을 수가 없습니다. 급한 일일 경우 문자로 상담 내용을 보내주시면 선생님이 시간을 내어 연락을 드릴 것입니다. 급한 일인데 선생님께 연락할 방법이 여의치 않다면 교무실에 전화하시어 메모를 남기시면 됩니다. 그럼 담임선생님께 바로 전달되어 연락이 이루어집니다. 아주 급한 일이 아니라면 방과후에 상담 신청을 해주시기를 부탁드립니다.

아이들이 하교하고 난 뒤에도 선생님들의 일과는 끝나지 않습니다. 수업 연구와 자료 준비, 업무 처리, 회의 참석 등으로 바쁜 오후 시간을 보냅니다. 그렇다 보니 방과후 부모님의 문의 전화를 받지 못하는 경우도 있고, 통화를 길게 하지 못할 수도 있습니다. 어떤 날은 전화 상담 시간이 길겠지만 또 어떤 날은 짧을 수도 있지요. 그러니 원활한 상담을 위해서는 미리 연락을 주시는 것이 좋습니다.

여기서 잠깐, 상담은 대개 부모님의 요청으로 이루어지지만 반대로 부모님과의 상담이 필요하다는 판단에 선생님께서 먼저 연락하는 경우도 있습니다. 이때는 대면 상담인 경우가 많지만 부모님의 사정이 여의치 않은 경우 전화로도 진행됩니다.

수업하는 모습을 참관하는 날, 공개 수업

공개 수업은 부모님들이 교실에서 우리 아이가 수업하는 모습을 참관하는 행사입니다. 학교에 따라 학교 설명회와 학부모 총회, 공개 수업을 같은 날 진행하기도 하고 다른 날 진행하기도 합니다.

1학년 친구들은 공개 수업일에 엄마 아빠가 오는 것을 무척 기대합니다. 일정을 미리 확인하시어 아이의 첫 공개 수업을 보러 오시면 가족 모두에게 좋은 추억이 될 것입니다. 학교에 따라 다르긴 하지만 공개 수업은 대개 수요일에 실시합니다.

우리 아이에 대한 객관적 평가,
학생 정서·행동 특성 검사

학생 정서·행동 특성 검사는 초등학교 1학년과 4학년을 대상으로 정부에서 진행하는 필수 검사로, 반드시 참여해야 합니다. 아이가 아니라 부모님께서 참여하는 검사로, 정해진 기간 안에 홈페이지에 접속하여 자녀의 정서에 관한 문항들에 답하면 됩니다. 담임선생님이 우리 아이의 고유 번호를 알려주시면 바로 검사에 참여할 수 있으며, 별도의 회원 가입이 필요하지 않습니다. 정해진 기간 안에 참여하지 않을 경우 검사지를 출력해 손으로 직접 체크해야 하는 번거로움이 있으니 가능하면 참여 기간 내에 참여해 주시길 부탁드립니다. 학생 정서·행동 특성 검사는 우리 아이를 조금이나마 객관적인 시각에서 체크할 수 있는 기회입니다. 우리 아이의 총체적인 정서 발달 정도를 검사한다는 생각으로 진지하게 임해 주시길 바랍니다.

매일매일 꼼꼼히 챙겨요,
가정통신문

입학과 동시에 학교에서는 수많은 가정통신문이 배부됩니다. 그 수도 많지만 내용을 다 파악하기도 쉽지 않습니다. 하지만 중요한 내용을 안내하는 경우가 많으니 매일 꼼꼼히 챙기셔야 합니다. 게다가 이 중에는 즉시 또는 다음날까지 늦어도 회신을 요하는 통신문도 많습니다. 잘 확인하시어 적극적으로 회신해 주시길 바랍니다. 지금부터는 안내용 가정통신문과 필수 동의서들의 내용을 소개하겠습니다.

안내용 가정통신문

일정 안내 – 시정표를 비롯해 각종 행사와 교육 과정 일정을 안내하는 통신문이 수시로 배부됩니다. 행사 일정을 잘 확인해 달력에 표시해 두면 중요한 행사들을 놓치지 않을 수 있습니다.

교과 평가 계획 안내 – 국어, 수학, 바른생활, 슬기로운 생활, 즐거운 생활 등 학교에서 배우는 과목별 평가 내용과 평가 시기를 안내합니다. 어떤 단원에서 어떤 성취 기준에 따라 평가하는지 기준이 나와 있으므로 가정통신문을 잘 읽으면 평가에 대한 궁금증을 해결할 수 있습니다.

출결 및 교외 체험 학습 지침 안내 – 학교별로 수업 일수가 조금씩 다르기 때문에 교외 체험 학습 일수도 다릅니다. 일 년에 사용 가능한 교외 체험 학습 일수와 신청 방법을 정확히 숙지해 놓으세요. 자녀가 아파서 학교를 가지 못할 경우에는 결석계를 제출해야 하는데, 결석 일수에 따라 증빙 서류 제출 유무가 달라집니다. 출결 관련 서류는 학생의 학적에 기록되는 중요한 공문서입니다. 부모님께서 제때 서류를 제출하는 것이 중요하니 가정통신문에 안내된 내용을 잘 확인하는 것이 좋습니다.

방과후학교 신청 안내 – 학교마다 방과후학교 운영 지침과 일정, 신청 방법이 다릅니다. 그러므로 방과후학교를 신청할 예정이라면 가정통신문을 잘 확인해야 합니다. 특히 인기가 많은 과목은 금방 마감되오니 신청 기간을 기억해 두셨다가 잊지 말고 신청해 주십시오.

녹색학부모회 활동 안내 – 녹색학부모는 모든 아이들이 건강하고 안전하게 등교할 수 있도록 교통안전 도우미로 활동하는 것입니다. 과거에는 녹색학부모회에 가입한 대표 학부모님들만 참여했지만 요즘은 모든 학부모가 필수로 연 1회 이상 참여하는 추세입니다. 학생 수와 학교 주변 교통 상황에 따라 학교마다 다르게 운영됩니다.

도서관 및 전자도서관 사용 방법 안내 – 학교 도서관은 매년 학생들을 위해 새로운 도서를 구입하고 다양한 행사를 진행합니다. 또한 전자도서관을 운영하여 학생들이 가정에서도 도서를 대여하고 읽을 수 있게 지원하고 있습니다. 독서를 좋아하는 아이가 활용하기 좋은 정보들이 많습니다.

급식 안내 – 급식은 학생들이 가장 궁금해하는 정보 중 하나입니다. 급식 메뉴와 식재료 원산지 정보를 안내합니다.

예방 교육 – 학생들이 건강하고 안전하게 지낼 수 있도록 안전 교육을 비롯해 다수의 예방 교육이 진행됩니다. 학교 폭력 예방, 사이버 폭력 예방, 유괴 예방, 아동 학대 예방 등 좋은 정보들이 많으니 관심 있게 읽어보면 큰 도움이 됩니다.

필수 동의서

개인 정보 동의서 – 상담, 학생 건강 상태 조사, 응급 환자 관리, 학교 문자 서비스, 자동 이체, 방과후학교 안내, 학생 추천, 학교 도서관 회원 가입 등에 대한 부모님 동의를 받습니다. 동의하지 않을 경우 해당 서비스를 제공받을 수 없으니 마감 전에 회신해 주십시오.

학생 건강 상태 설문 조사 및 교내 응급 환자 관리 안내 – 아이의 건강 중 특이 사항이 있는 경우에는 미리 알려주셔야 교사가 인지하고 조심할 수 있습니다. 특히 알레르기가 있다면 반드시 알려주십시오. 혹시 학교에서 위급한 상황이 발생해 학교에서 처치해야 할 일이 생길 수 있으니 응급 환자 관리에도 동의해 주셔야 합니다.

상담 조사 자료 – 학적 자료에 아이의 이름, 생년월일, 주소 등을 기록해야 하기 때문에 상담 자료의 빈칸을 다 채우지 않고 보내실 경우 자료 보충 요청이 올 수 있습니다. 기록해야 하는 자료 외에 아이의 성향이나 선생님께 바라는 점을 적을 수 있는 칸이 있습니다. 아이에 대해 자세히 적을수록 교사가 아이를 이해하는 데 도움이 됩니다.

우리 반을 소개합니다

교실 구석구석 둘러보기

대한민국의 교실 모습은 대부분 비슷합니다. 직사각형 공간의 앞쪽에는 텔레비전과 칠판이, 뒤쪽에는 게시판과 사물함이 자리합니다. 교실 옆에는 놀잇감과 책이 놓여 있는 서랍이 있고, 양쪽으로는 창문이 있습니다. 복도 쪽으로 미닫이 형식의 앞문과 뒷문이 있고, 교실 앞 운동장 쪽으로 담임선생님의 책상이 있습니다. 나머지 공간은 아이들 책상으로 채워집니다.

칠판은 부모님들께서도 잘 아시는 초록색 칠판이 대부분이지만 스마트 칠판이 있는 교실도 가끔 있습니다. 양옆 작은 게시판에는 학급 안내나 시간표가 붙어 있습니다. 그리고 게시판 뒤로 작은 칠판들이 붙어 있는데 화이트보드이거나 한반도 지도, 세계 지도, 악보, 원고지 모양이 그려져 있어 수업할

• 교실 내부 그림 •

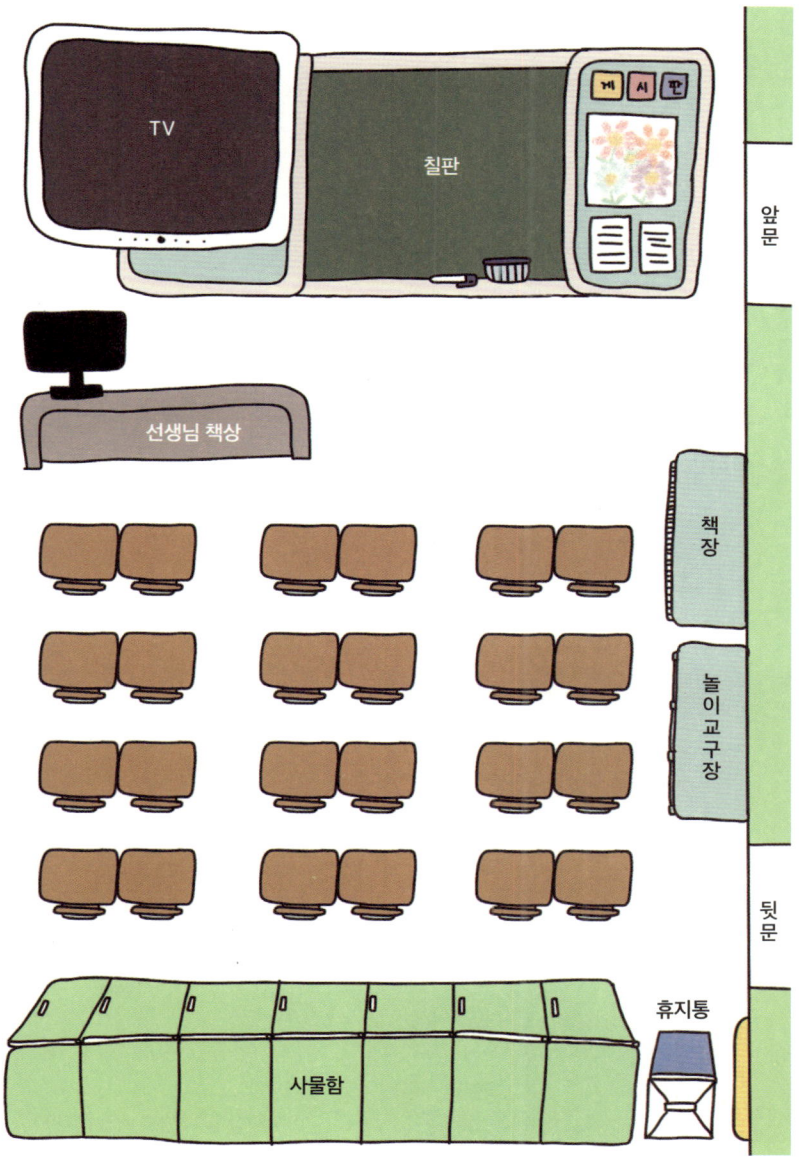

때 다양하게 사용됩니다. 칠판 위에 붙어 있는 대한민국 국기는 조례 시에 사용됩니다. 그리고 칠판 위에는 스피커를 통해 시종 소리와 안내 방송이 나옵니다.

책상 서랍, 사물함 내부 둘러보기

요즘 나오는 학생용 책상과 의자는 높이 조절이 가능합니다. 부모님이 사용하던 것처럼 나무와 쇠로 만들어진 어두운 색의 각진 책상이 아닌 모서리가 둥글고 알록달록한 안전하고 예쁜 책상이 우리 아이들을 반겨줍니다.

책상 밑 서랍 왼쪽에는 그날 필요한 교과서와 공책을 넣고, 오른쪽 서랍에는 학습 물품이 든 바구니를 넣습니다. 바구니 안에는 풀, 가위, 색연필 사인

• 책상 밑 서랍과 사물함 내부 •

펜 등 수업 중에 자주 쓰는 작은 학용품과 선생님이 나눠주는 교구가 들어갑니다. 사물함에는 크레파스처럼 부피가 커서 서랍에 들어가지 않는 학용품과 그날 사용하지 않는 교과서, 파일 등 선생님이 안내한 준비물을 넣어둡니다.

여벌옷(상의, 하의, 속옷과 양말), 우산, 휴지, 곽티슈, 물티슈, 손세정제, 우산, 줄넘기 등의 준비물은 입학식이나 학기 초에 배부된 안내문을 잘 확인하셔서 보내주시면 됩니다. 입학 초기 적응 활동 시간에 선생님이 서랍과 사물함 정리하는 법을 가르쳐주고, 주기적으로 정리하는 연습을 합니다. 겨울철 부피가 큰 옷의 경우 접어서 정리하는 방법도 배웁니다.

우리 아이의
첫 담임선생님은 어떤 분일까?

두근두근, 담임선생님과의 첫 만남

담임선생님은 일 년 동안 부모님과 함께 우리 아이의 성장을 돕는 교육 조력자입니다. 초등학교에 입학해서 졸업할 때까지 통상 6명의 선생님을 만납니다. 아이들의 모습이 제각각이듯 초등학교 선생님 또한 다양한 성격과 성향을 가지고 있습니다. 학급을 운영하는 철학도, 수업 스타일도, 학생들과 관계 맺는 방법도 다 다릅니다. 그래서 초등학교 6년을 거치는 동안 매년 바뀌는 담임선생님을 통해 우리 아이는 어떤 수업 스타일이 잘 맞는지, 어떤 성향인지 확인할 수 있습니다.

학기 시작을 앞두고 매번 올해 우리 아이의 담임선생님이 누구인지는 초미의 관심사입니다. 특히 1학년 첫 담임선생님에 대해서는 더욱 그러합니다. 학교마다 조금 다르긴 하지만 대부분 입학식 전에 학교 홈페이지를 통해서, 혹은 입학식 당일에 우리 아이가 몇 반이며 담임선생님은 누구인지 공개합니다.

선생님과의 첫 만남은 입학식에서 이루어집니다. 입학식이 진행되는 장소 앞에 반별로 팻말과 학생 수만큼의 의자가 놓여 있고 그 옆에 담임선생님이 서 있습니다. 입학식 말미에 교실 위치와 가는 길을 확인하고 등교 및 수업에 대한 안내, 준비물 안내, 입학 선물 배부, 기념사진 촬영 후 각자의 교실로 이동하지요. 교실로 이동해서는 다음날 등교에 대한 안내를 받습니다. 하지만 입학식은 담임선생님이 어떤 사람인지 파악하기엔 절대적으로 부족한 시간입니다.

하교 시간에도 선생님을 마주칠 기회가 있습니다. 아이들을 데리고 나온 선생님과 짧은 인사를 나누는 것이지요. 하지만 이 역시 제대로 된 교류를 하기에는 부족한 시간입니다. 그러니 짧은 시간에 마주친 모습으로 선생님을 판단하기보다는 곧 다가올 학교 설명회나 총회, 상담 기간을 통해 선생님과 시간을 갖는 것이 좋습니다.

선생님에 대한 선입견이나 편견은 금물

첫 담임선생님에 대한 부모님의 기대는 클 수밖에 없습니다. 젊은 선생님이 내 아이의 첫 담임이 되면 좋겠다고 생각하는 부모님도 계실 것이고, 경험이 풍부하고 노련한 분이 담임이 되면 좋겠다고 생각하시는 부모님도 있을 것입니다. 하지만 모든 분의 기대를 만족시켜 드릴 수는 없습니다. 그렇다 보니 선생님의 나이가 많을 경우 열정이 없을 것 같다고 생각하거나 미혼 선생님이 담임이 되면 자녀도 없는 사람이 1학년을 어떻게 이해할 수 있겠냐며 불안해 하시는 분들도 있습니다. "이 선생님은 어떻고, 저 선생님은 어떻다더라." 하는 주변 엄마들의 말에 흔들리기도 하지요.

앞에서도 강조했듯이 선생님과 대화도 하기 전에 선입견을 갖지는 마십시오. 그보다는 마음의 여유를 갖고 서로를 서서히 알아가는 것이 건강한 펠로우십을 형성하는 데 도움이 됩니다. 참고로 1학년 선생님은 연륜이 높은 분들의 비율이 높은데, 그 이유는 노하우가 풍부하기 때문입니다.

사실 1학년 때는 돌발 상황이 발생하는 경우가 많습니다. 이때 경험이 많고 연륜이 높은 분들일수록 당황하지 않고 능숙하게, 또 아이가 마음의 상처를 입지 않게 잘 대처하십니다. 또 연륜이 높은 선생님들은 아이의 성향과 특징을 빨리 알아채 적절한 도움을 주고, 올바른 기초 습관을 잡아주어 아이가 학교에 조금이라도 빨리 적응할 수 있게 해주십니다.

연락, 이렇게 하면 됩니다

일단 아이가 입학한 뒤에는 선생님을 통해 연락하는 것이 원칙입니다. 학교 방침에 따라 연락 방식이 다르므로 일단은 안내문을 정확하게 확인하는 것이 우선입니다. 입학식 날 배부된 많은 서류와 가정통신문 사이에 연락 방법이 적힌 안내문이 있습니다. 준비물 목록과 함께 소통 채널에 대한 내용이 담겨 있으니 안내된 방법대로 연락하시면 됩니다. 선생님 연락처밖에 없던 예전과 달리 요즘은 학급 운영 앱(클래스팅, 하이클래스) 모임 앱(네이버 밴드), 카카오톡 등 다양한 채널을 통해 선생님과 소통할 수 있습니다.

초등학교 각 교실에는 전화기가 있어서 안내 문구에 따라 내선번호를 누르면 아이 반으로 연결됩니다. 그러니 가정통신문에 함께 기재된 교실 내선번호와 통화 가능 시간도 꼭 참조하세요. 학교에 따라 조금씩 다르지만, 학교 대표 번호로 전화를 하고 내선번호인 102를 누르면 1학년 2반으로 연결되는 방식입니다. 앞에서도 강조했듯이 수업 시간에 전화할 경우 수업의 흐름이 끊기므로 급한 일이 아닌 이상 수업 시간에 전화하는 것은 피해야 합니다. 수업 시간에는 아이들에게 집중하는 것이 중요하기 때문에 선생님들끼리도 수업 시간에는 서로 전화하지 않는 것을 기본으로 지키고 있습니다.

운동장 수업이나 체육관 수업, 도서관 등의 특별실로 이동해서 전화를 받지 못하는 경우도 있습니다. 이럴 때는 문자나 앱 게시판을 이용하시면 됩니다. 수업 중이라 확인하지 못하더라도 문자나 글로 전달 사항을 올리면 가장 확실하고 안전하게 선생님이 내용을 확인할 수 있습니다. 이때도 바로 답장이 오지 않는다고 너무 걱정하지 마세요. 수업 중이거나 생활지도를 하다 보면 답장이 늦을 수 있지만 늦게라도 확인하고 내용을 전달합니다.

학교와의 연락도 중요합니다. 아주 가끔 아이가 다치거나 위급한 일로 학교에서 부모님께 연락하는 경우가 있습니다. 이때 학교 번호인지 모르고 스팸 번호로 생각해 연락을 받지 않는 부모님들이 종종 계십니다. '정말 급한 일이면 문자를 보내겠지'라고 생각하시는데, 전화만 가능하여 문자를 보내지 못하는 학교도 있습니다. 담임선생님뿐만 아니라 보건실이나 행정실에서도 연락이 갈 수 있으니 학교 대표번호를 꼭 저장해 두세요. 선생님이 문자를 보낼 경우 '확인했습니다' 또는 '알겠습니다'와 같이 간단하게라도 답장해 주시는 것도 잊지 마시고요. 답장을 보내지 않으면 선생님은 부모님께 내용이 잘 전달됐는지 안 됐는지 궁금합니다.

선생님의 속마음

교실에서 이루어지는 교육 활동을 가장 잘 안내해 주는 매체가 알림장입니다. 알림장에 안내된 숙제와 준비물, 가정통신문, 행사 안내를 보면 앞으로 어떤 활동을 할 것인지가 한눈에 보입니다. 특히 요즘은 부모님이 서명해서 회신해야 하는 필수 가정통신문에 대한 추가 안내나 상세한 안내가 알림장으로 나가기 때문에 알림장은 꼼꼼히 확인해야 합니다.

3월 초에는 아직 한글 교육이 끝나지 않은 시기인지라 선생님께서 알림장을 출력해서 붙여주고 문자 또는 앱으로 부모님들께 전달합니다. 한글 교육이 끝나고 문장 실력이 늘어나면 아이들이 직접 알림장을 작성합니다. 이때 선생님들이 아이들에게 알림장의 내용을 설명합니다. 그런데 이렇게 알림장 노트와 문자 혹은 앱으로 부모님들께 알림장을 보내고 아이 역시 내용을 숙지했는데도 숙제나 준비물을 물어오는 분들이 있습니다. 가정통신문 또한 종이는 물론 앱으로도 배부했는데 읽지 않고 문의해 오십니다. 이런 일이 반복되면 선생님 입장에서는 의아하게 생각할 수밖에 없습니다. 꼭 알아야 할 내용이 알림장에 모두 들어 있으니 매일 확인하시는 걸 생활화해 주십시오.

또한 상담 조사 자료에 아이의 장점과 단점, 가정 사항에 대해 솔직하게 적어주시면 아이에 대한 이해도가 높아져 적절한 도움을 줄 수 있습니다. 선생님은 학생이 성장할 수 있도록 돕는 조력자로, 부모님과 협력 관계입니다. 그렇기 때문에 서로 신뢰를 쌓고 상호작용을 하는 것이 중요합니다. 또한 학교에서는 여러 가지 지원이 나옵니다. 이때 선생님이 아이의 상황과 어떤 도움이 필요한지를 알고 있지 못하면 필요한 아이에게 도움을 줄 수 없습니다. 선생님께서 아이에 대해 자세히 알고 있을수록 받을 수 있는 지원이나 도움이 많다는 것을 잊지 마세요.

> 가을: 그걸 그렇게 하면 어떡해, 바보야!
> 하늘: 뭐? 내가 바보면 넌 멍청이야!
> 가을: 선생님, 하늘이가 저한테 멍청이래요.
> 교사: 하늘아, 가을이한테 멍청이라고 말했니?
> 하늘: 네. 가을이가 저한테 바보라고 놀려서 화가 나서 멍청이라고 했어요.
> 가을: 내가 언제? 선생님, 저는 바보라고 한 적 없어요!

교실에서 하루가 멀다 하고, 아니 거의 매일 벌어지는 상황입니다. 1학년은 발달 단계 특성상 자기중심적이고 생각과 현실을 구분하지 못하는 경향이 있습니다. 학교에서 자기가 먼저 장난으로 친구 별명을 불렀다가 친구도 똑같이 자기 별명을 부르면 집에 가서 자신의 행동은 쏙 빼고 친구가 자신을 놀린 것만 얘기하는 경우도 많지요. 자신이 기분 나빴던 것만 기억하고 상대방이 왜 그런 행동을 했는지, 자신이 먼저 빌미를 제공했다는 생각은 하지 못하는 것입니다. 혼자 길을 가다가 넘어지고도 다른 친구가 자신을 밀쳤다고 믿기도 합니다.

앞의 이야기에서도 마찬가지입니다. 가을이는 자기가 바보라고 한 것을 인지하지 못하거나 정말 자기가 바보라고 말한 적 없다고 믿기 때문에 억울할 수 있습니다. 하늘이는 가만히 있다가 갑자기 바보라는 소리를 들어서 화가 나는데, 가을이가 거짓말까지 하니 더 화가 날 수밖에요.

학교에서는 상호 존중하는 언어 습관을 가르치고, 자신의 잘못을 인정하는 용기를 깨우쳐 주며, 이러한 상황이 줄어들도록 아이의 사회성 발달을 돕는데 많은 시간을 할애하고 있습니다. 하지만 이 과정은 시간이 오래 걸리고, 또 어려움이 따릅니다.

그런데 이렇게 학교에서 있었던 일에 대해서 아이의 말만 듣고 선생님께 감정적으로 연락하시는 부모님들이 있습니다. 나중에 상황을 파악하고는 당황하시는 경우를 종종 봅니다. 자녀의 말만 듣고 다른 아이에 대해 나쁘게 말했다가 부모님들 사이에 갈등이 생기기도 합니다. 따라서 행동을 취하시기 전에 선생님과의 대화를 통해 정확한 상황을 먼저 파악하시는 것이 좋겠습니다.

사실 이는 성장 과정에서 나타나는 자연스러운 현상입니다. 거짓말을 했다고 해서 혼내기보다는 자녀의 마음을 이해하고 친구의 마음을 헤아릴 수 있게 돕는 것이 올바른 성장에 도움이 됩니다. 또 예민하고 중요한 사안일수록 선부른 판단보다는 아이에게 정확하게 묻거나 선생님께 물어보시는 것이 좋습니다. 가장 바람직한 방법은 선생님께 객관적으로 이야기를 듣고 판단하시는 겁니다. 혹여 정말 심각한 일이었다면 아이가 말하기 전에 선생님께서 먼저 부모님께 전화를 드렸을 것입니다.

입학 초기, 이것만 알아도 적응 끝

기초 생활습관 숙지하기

입학 후 처음 몇 주간은 국어, 수학 같은 교과가 아닌 창의적 체험활동 시간으로 기초 학습습관과 기초 생활습관을 다지는 '우리들은 1학년'이라는 학교 적응 프로그램을 진행합니다. 학교라는 새로운 환경에 잘 적응할 수 있도록 교실 및 급식실 적응, 학교 탐방, 안전 교육, 한글 교육 등을 배웁니다.

입학 초기 적응 교재는 학교마다 다르며, 아예 교재가 없는 학교도 있습니다. 이 책은 대부분의 학교가 보편적으로 운영하는 내용을 소개하지만 지역 및 학교 특성에 따라 다양한 교육 과정이 운영되므로 자녀가 다니는 학교와 다를 수 있다는 점을 염두에 두고 참고하시는 것이 좋습니다.

또 입학 초기 적응 기간에는 정규 시간보다 빨리 하교합니다. 급식도 바로 시작하기보다는 입학 일주일 이후 급식실 안전 교육과 식판 사용법을 익힌 뒤 실시하는 경우가 많습니다.

학교 이름, 학년, 반, 번호, 이름 알기

자신이 다니는 학교 이름과 학년, 반, 번호, 담임선생님 이름을 설마 우리 아이가 모를까 싶으시죠? 그런데 모르는 아이가 의외로 많습니다. 심지어 1학년이 끝날 때까지 모르는 아이도 있습니다. 그래서 종합장이나 노트에 학교 이름, 내가 소속된 반과 내 번호, 담임선생님 이름 쓰기 연습을 하면서 한글 공부도 하고 소속감도 다집니다. 학교 안에서 길을 잃거나 체험 학습 중에 길을 잃었을 경우 이 정보가 특히 중요하므로 가정에서도 함께 연습하는 것이 좋습니다.

교실 위치와 내 자리 알기

여러 개의 교실로 구성된 학교는 1학년 학생들이 쉽게 파악하기엔 큰 공간입니다. 3월에는 자기 교실의 위치를 몰라 등교 중에 헤매는 아이들이 종종 있습니다. 교실이 다 똑같이 생긴 데다 자신이 몇 반인지 몰라 팻말을 봐도 교실을 찾지 못하는 것이지요. 내 이름이 붙은 책상과 신발장, 사물함이 어디 있는지도 연습을 해야 찾을 수 있습니다. 운동화를 실내화로 갈아 신고, 벗은 운동화를 신발장에 넣는 것도 연습합니다. 들어오는 문과 나가는 문이 따로 있다면, 이를 인지하는 것도 중요합니다.

질서 지키기와 이동하는 방법 알기

복도에서 이동할 때 뛰다가 다치거나 앞 친구를 따라가지 않고 혼자 다른 곳으로 가다가 길을 잃는 아이들이 종종 있습니다. 복도에서 뛰지 않고 오른쪽으로 통행하는 법, 계단에서 다치지 않게 친구와 적당한 거리 유지하는 법, 계단 한 번에 한 칸씩 이동하는 법, 이동 시 줄 서는 법을 연습합니다.

화장실 위치와 사용 방법 알기

교실에서 화장실 가는 길을 알아야 필요할 때 잘 찾아갈 수 있습니다. 남자아이들 중에 큰 소변기를 처음 접하는 경우가 있는지라 선생님이 물 내리는 방법을 알려줍니다. 좌변기가 아닌 화변기(와변기)가 많은 경우에도 선생님이 사용법을 알려줍니다. 소변과 대변을 본 뒤 뒤처리하는 방법도 선생님과 함께 연습합니다. 화장실 들어갈 때 노크 먼저 하기, 화장실 칸에 들어가서는 문 잠그고 사용하기, 물은 반드시 내리고 나오기 등의 에티켓 교육도 진행합니다. 또한 한 칸에 한 명만 들어가기, 친구 몸을 보여달라고 하거나 만지거나 내 몸을 친구에게 보여주지 않기와 같은 성교육도 진행합니다.

학교의 여러 시설과 특별한 교실 알기

1학년 친구들이 가장 좋아하는 적응 프로그램 중 하나가 학교 둘러보기와 학교 탐방입니다. 운동장과 체육관, 교장실, 교무실, 행정실, 급식실 등 다양한 교실들의 이름을 배우고 무엇을 하는 곳인지, 어디에 있는지 학교를 한 바퀴 돌면서 배웁니다. 놀이기구 사용법을 배우고, 텃밭을 관찰하기도 합니다.

식판 사용법과 급식 예절 알기

급식은 교실이나 급식실에서 이루어집니다. 1학년은 커다란 식판을 들고 이동하는 것을 어려워하고, 뜨거운 음식을 쏟아 화상을 입을 우려가 있기 때문에 충분한 연습이 필요합니다. 특히 수저와 식판을 동시에 들고 국을 쏟지 않게 천천히 걷는 것을 중점적으로 연습합니다. 걷다가 식판을 위로 기울여 자기 몸 쪽으로 국을 쏟는 경우가 많으니 가정에서 쟁반을 들고 식판을 수평으로 잡는 연습을 하면 큰 도움이 됩니다. 또한 식사 중에 돌아다니거나 친구를 만지면 다른 친구가 국을 쏟거나 식판을 떨어뜨릴 수 있기 때문에 자기 자리에서 먹는 연습을 합니다.

올바른 수저 사용법 알기

과자나 구슬을 이용해 올바른 수저 사용법을 연습합니다. 공깃돌이나 과자를 젓가락으로 이동하는 놀이도 올바른 수저 사용에 도움이 됩니다. 젓가락 사용법이 서툰 친구들은 교정 도구를 사용하기도 하지만 2학기부터는 일반 젓가락을 사용할 수 있도록 가정에서 연습하는 것이 좋습니다.

쓰레기 분리수거 방법 알기

쓰레기통의 위치와 분리수거함의 종류, 버리는 방법을 배웁니다. 일반 쓰레기는 쓰레기통에, 종이와 비닐, 플라스틱은 분리해서 알맞은 수거함에 넣는 방법을 배웁니다.

내 자리 청소하는 방법 알기

미니 빗자루로 책상 위와 바닥의 지우개 가루, 종잇조각을 쓸어내고 물티슈로 깨끗이 닦는 방법을 배웁니다. 자기 자리 청소는 학습에 집중할 수 있는 환경을 조성하는 데 중요한 의미가 있습니다.

물건 정리 정돈하는 방법 알기

책상 서랍과 사물함 속 교과서, 학용품의 제자리를 정하고 물건을 사용한 뒤에 제자리에 놓는 연습을 합니다. 가방 속에 책과 학용품을 넣는 방법도 배웁니다. 놀이 시간에 본 학급 문고의 책과 가지고 놀았던 놀잇감을 시간 내에 정리하는 방법도 함께 배웁니다.

기초 학습습관 익히기

시간 지키기의 중요성 알기

9시 등교의 의미는 9시에 수업이 시작한다는 의미입니다. 그러므로 9시에 수업을 시작하려면 최소 10~15분 전에는 등교해야 화장실에 다녀오고 교과서를 꺼내놓고 기다릴 여유가 생깁니다. 한 명이라도 지각을 하면 담임선생님은 지각생의 부모님과 연락해야 하는지라 수업을 시작하지 못합니다. 이로 인해 다른 아이들의 학습권이 침해받는 것을 경험하며 아이들은 시간 지키기의 중요성을 깨닫습니다.

또 쉬는 시간이 끝났는데 계속 운동장에서 놀거나 놀잇감을 정리하지 않고 실내 놀이를 하면 내가 수업 준비를 할 때까지 선생님과 다른 친구들이 기다려줘야 합니다. 이때 역시 나로 인해 수업 시간이 그만큼 줄어든다는 것을 깨닫습니다. 선생님이 지각생을 기다려주지 않고 다수의 아이들을 위해 정시에 수업을 시작할 수도 있습니다. 그러면 지각생은 그만큼의 학습 결손이 생기고, 결손된 만큼 수업을 따라가야 하기에 집중을 못하게 되는 문제가 생깁니다. 이런 모습들을 체험하는 과정에서 아이들은 시간 지키기의 중요성을 깨닫습니다.

학용품의 종류와 사용법 알기

1학년 때는 풀, 가위, 색종이, 색연필, 사인펜, 크레파스를 주로 사용합니다. 책상이나 몸에 풀이 묻지 않고 종이가 뜨지 않게 꼼꼼하게 칠하는 방법, 내 손이나 몸이 다치지 않게 안전하게 가위질 하는 방법, 색종이 끝과 끝이 만나게 접는 방법, 튀어나가지 않게 꼼꼼히 색칠하는 방법 등을 배우고 지속적으로 연습합니다. 특히 색칠하기는 학생들의 소근육을 발달시켜 글씨를 쓸 때 힘을 길러줍니다.

노트 사용법 알기

노트의 앞에서부터 순차적으로 사용하는 방법과 공책을 접는 방법 등 수업 중에 사용하는 노트의 사용법을 배웁니다.

연필 잡는 법 알기

연필은 처음부터 바르게 잡는 법을 익혀두지 않으면 나중에 바로 잡으려고 노력해도 고치기 힘듭니다. 올바른 연필 사용법은 예쁜 글씨를 쓰는 데 영향을 미치고 손의 피로도를 낮춰 오래 글씨를 쓸 수 있게 도와줍니다. 특히 너무 일찍 연필을 잡고 글씨를 쓰거나 그림을 그렸던 아이의 경우 한 번 형성된 습관을 고치기가 더욱 어렵습니다. 이때는 자세를 교정해 줄 수 있는 연필잡기 보조 장치를 연필에 끼워 활용하는 것도 방법입니다.

바른 자세로 앉고 책 읽는 법 알기

수업 시간에 의자에 엉덩이를 거의 걸치지 않고 앉는 아이, 책상 위에 눕듯이 앉아 있는 아이, 몸은 앞을 보는데 무릎은 옆을 보는 아이 등 잘못된 자세로 앉아 있는 아이들이 의외로 많습니다. 수업 시간에 바른 자세로 앉지 않으면 수업에 집중하기도 힘들지만 턱 비대칭 및 척추측만증이 올 수 있습니다. 이 자세가 굳어지면 앉아 있는 시간이 긴 중·고등학교 때 학습습관에 영향을 줄 수 있어서 앞을 보고 의자에 바른 자세로 앉아 책 읽는 방법을 연습합니다.

교과서 종류와 쪽수 찾는 방법 알기

1학년 교과서는 국어-가, 국어-나, 국어 활동, 수학, 수학 익힘, 봄, 여름, 가을, 겨울로 이루어져 있습니다. 모두 100쪽이 넘기 때문에 큰 숫자를 모르는 아이는 쪽수에 맞게 책을 펴는 것을 어려워합니다. 선생님과 함께 교과서의 구성을 살피고 제목 찾는 법, 쪽수에 맞게 책 펴는 법을 연습합니다.

알맞은 인사말 알기

아침에 선생님과 친구들에게 어떤 말로 인사하는 게 좋은지, 집에 갈 때는 어떻게 인사해야 하는지도 배웁니다. 인사하는 것만으로도 금방 친해지기 때문에 친구와 인사하기를 많이 연습합니다.

규칙 정하여 노는 방법 알기

놀이는 친구와 재미있게 즐기는 것으로, 꼭 1등을 해야 한다거나 과한 승부욕을 보이는 것이 좋지 않은 것임을 배웁니다. 새로운 놀이를 배우면서 놀이 규칙을 익히고, 규칙을 지키는 것의 중요성을 배웁니다.

교우 관계 다지기

입학 초기 적응 기간 동안 1학년 학생들은 담임선생님과 친구들의 이름을 외우고 친해지는 다양한 사회성 함양 활동을 경험합니다. 협동화, 몸으로 표현하기 등과 같이 친구들과 힘을 합쳐 큰 그림을 그리거나 작품을 만들기도 합니다. 무엇보다 아이들이 좋아하는 놀이를 통해 상호작용하는 방법을 배웁니다. 내 소개하기, 짝꿍 얼굴 그리기, 짝꿍 칭찬하기, 짝꿍과 놀이하기, 모둠 놀이하기 등 다양한 그룹을 짜서 놀이하는 시간을 가집니다.

안전교육 생활화하기

올바른 손 씻기 방법 알기

모두의 안전을 위해 수시로 비누를 묻혀 손을 씻고 기침 시 손이 아닌 팔꿈치에 기침하는 방법을 배웁니다. 기침 후, 점심 먹기 전, 바깥 놀이 후, 미술 수업 후, 체육 수업 후에 꼭 비누를 사용하여 30초 이상 손을 깨끗하게 씻습니다.

안전한 등교 방법 알기

학교 오는 길에 건너는 횡단보도, 육교, 지하도 등을 안전하게 사용하는 방법을 배웁니다. 횡단보도 건너는 올바른 방법과 신호등 보는 방법을 배웁니다.

학교 폭력 대처법 알기

다른 친구의 마음을 상하게 하는 말과 행동이 무엇인지 배우고 내가 어떻게 대응해야 하는지 배웁니다. 내가 의도하지 않았는데 나의 말과 행동 때문에 다른 친구가 기분 나빠하면 어떻게 사과해야 하는지, 다른 친구의 말과 행동 때문에 내 기분이 나쁘면 친구와 선생님에게 어떻게 말해야 하는지, 다른 친구에게 괴롭힘 당하는 친구가 있으면 어떻게 도와줘야 하는지 배웁니다. 1학년 때 생긴 마음의 앙금이 초등학교 졸업할 때까지 남을 수 있는지라 갈등을 건강하게 해결하는 방법을 배웁니다.

봄의 행사

과학의 달 행사

　초등학교 행사는 학교마다 운영 방침이 다릅니다. 학교의 자율성이 많이 적용되는 부분이기 때문에 아래 내용은 참고용으로 보시는 것을 추천합니다. 수상(상장)에 관심이 있다면 부모님께서 행사 안내 가정통신문과 알림장을 확인해 달력에 미리 표시해 두시고 일정을 확인하는 것이 좋습니다.

　먼저 4월은 과학의 달로 과학 탐구 대회, 과학 그리기 대회, 만들기 대회 등 과학과 관련된 행사가 많습니다. 학교에서 부스를 운영해 참여 자체에 의의를 두는 행사도 있지만 상장을 주거나 시교육청 대회에 출전할 학교 대표를 뽑는 행사, 교육청에서 진행하는 행사도 있습니다. 대상 역시 전교생을 대상으로 운영하기도 하고 신청한 학생들만 대상으로 운영하기도 하니 관심이 있다면 가정통신문이나 게시판에 공지된 내용을 학인하여 마감 기한 내에 신청하시는 것이 좋습니다.

다독상 & 도서관 행사

학생 간의 경쟁을 유발하는 것이 교육적이지 않다는 이유로 교내 상장을 없애는 학교가 늘고 있습니다. 하지만 독서만큼은 그 중요성이 커지고 있고, 이를 권장하기 위해 다른 상장은 없애도 다독상은 남아 있는 학교가 많습니다. 다독상 역시 학교마다 수상 기준이 다르므로 가정통신문을 잘 확인해 학기 초부터 참여하는 것이 중요합니다. 보통 학교 도서관에서 책을 대여한 권수와 독서기록장, 독후 활동 등을 복합적으로 평가해 수상자를 선정합니다. 그러니 한 가지만 열심히 하기보다 수상 기준을 다 맞추는 것이 유리하겠죠?

학교 도서관에서 실시하는 행사는 아이들이 학교 도서관을 친근하게 느끼고 활용도를 높이기 위해 참여만 해도 선물을 주는 경우가 많습니다. 독서 인증제나 독서 권장 행사는 도서관에서 책 읽는 습관을 기르는 데 의의를 두면 됩니다. 입학 후에 도서관 교육을 통해 선생님이 도서관 이용법과 도서관 행사를 안내합니다. 책의 날 행사와 같은 도서관 행사가 안내되면 가정에서 관심을 가지고 자녀가 도서관에서 책을 빌려 집에서 읽고 제때 반납할 수 있게 도와주십시오. 이렇게 하면 아이가 학교 도서관을 친근하게 여기고, 자연스럽게 책 읽는 습관이 형성됩니다.

현장 체험 학습

소풍이라고도 불리는 현장 체험 학습은 1학년 아이들이 설레고 설레는 마음으로 기다리는 중요 행사입니다. 친구들과 함께 학교 밖으로 나가 즐겁게 뛰어 놀고 맛있는 것을 먹는 것에 대한 기대가 크기 때문입니다. 대부분의 학교는 가정통신문과 알림장으로 체험 학습 일자와 준비물, 내용을 자세하게 안내합니다.

기다리고 기다리던 체험 학습 날인데, 갑자기 아이가 열이 나거나 속이 좋지 않을 수 있습니다. 이럴 땐 아쉽더라도 집에서 쉬게 하는 것이 좋습니다. 체험 학습에 대한 기대감에 무리해서 약을 먹고 참여했다가 하루 종일 힘들기만 하고 활동에 제대로 참여하지 못해 오히려 체험 학습에 대한 나쁜 기억이 생길 수 있기 때문입니다. 또 차를 타면 멀미를 하는 아이는 집에서 멀미약을 먹거나 몸에 붙이고 등교하는 것이 바람직합니다. 외부에서 행해지는 행사인 만큼 선생님의 긴장도도 높아져서 아픈 아이를 세세히 챙기지 못할 수 있습니다. 그러므로 돌아오는 길에 사용할 멀미약까지 가정에서 챙겨주시는 것이 좋습니다.

반 단체 티셔츠가 있다면 일주일 전에 찾아서 세탁하여 입혀 보내 주실 것을 권합니다. 체험 학습 당일에 단체 티셔츠를 찾지 못하거나 급히 세탁하는 바람에 마르지 않아 입고 오지 못하는 아이들이 있습니다. 물론 선생님과 친구들은 크게 신경 쓰지 않고 별다른 말을 하지 않습니다. 하지만 아이 스스로 나만 다른 옷을 입었다는 것에 소외감을 느끼고 상처 받는 경우가 있습니다.

그러니 즐겁고 설레는 첫 체험 학습의 추억을 위해 반 티셔츠는 미리 준비해 주십시오.

음식을 얼마나 가져가야 하는지도 궁금하실 겁니다. 가방에 꽉 차게 먹을 것을 넣어주면 아이가 가방 무게에 지쳐 힘들어합니다. 현장에서 받은 기념품이나 학습 결과물을 넣을 공간도 있어야 합니다. 그러니 가벼운 가방에 아이가 먹을 만큼만 넣어 주시면 됩니다. 친구들이랑 나눠 먹으라고 많이 넣어 주셔도 위가 작은 1학년은 다 먹지도 못할뿐더러 체하거나 버스에서 토하는 경우가 있습니다. 소풍 가방이나 런치백을 따로 사시는 분도 계신데 책가방으로도 충분합니다.

또 한 가지, 농장이나 자연 친화적인 체험 학습장(농장이나 식물원 등)에는 쓰레기통이 없습니다. 게다가 요즘은 본인의 쓰레기는 본인이 가져가는 것을 원칙으로 하는 곳도 많아 체험 학습 준비물에 쓰레기봉투가 있습니다. 먹다 남은 음식도 그대로 가져가야 하니 과자나 간식은 반찬 통이나 지퍼 백에 담아 주시면 정리하기가 쉽습니다.

물은 뚜껑을 한 번 열었다가 다시 닫아서 보내주세요. 한 번도 안 뜯은 새 페트병 뚜껑은 1학년 아이가 혼자 열기 힘듭니다. 물론 선생님께 말하면 열어주지만 도와줘야 할 친구들이 많거나 아픈 친구가 있으면 바로 도와주기가 힘들 수 있습니다. 그러니 아이가 원할 때 바로 마실 수 있도록 뚜껑을 미리 열어주거나 집에서 뚜껑 여는 연습을 하고 오는 것이 좋습니다. 그리고 체험 학습일에는 선생님께 도시락이나 음료, 간식을 보내지 않습니다. 선생님들도 자신이 먹을 도시락과 간식을 가져오니 걱정하지 않으셔도 됩니다.

어린이날 기념 행사(체육대회)

체육대회는 학교 특성이 크게 나타나는 행사로, 학교마다 특색 있게 진행됩니다. 학기마다 하는 학교도 있고 매년 하는 학교도 있으며, 학예회와 체육대회를 격년제로 번갈아 하는 학교도 있습니다. 진행 역시 반별로 실시되기도 하고 학년별, 학년군, 혹은 전교생이 함께하기도 합니다. 이는 학부모님들이 참여한 교육 과정 설문에 의해 결정되기 때문에 학교마다 다릅니다.

체육대회는 어린이날을 기념하는 5월이나 날씨가 선선한 10월에 주로 열립니다. 연 2회의 체육대회를 하는 학교의 경우 대개 5월에 소체육대회를 하고 10월에 대운동회를 하기 때문에 5월에는 부모님 참관 없이 진행하는 경우가 많습니다. 맞벌이 가정의 경우 학기 초 행사로 연차를 많이 소진하셨을 테니 10월 대운동회를 위해 5월 소체육대회는 참여하지 않으셔도 됩니다.

장소나 운영 방식 역시 학교 상황에 따라 다릅니다. 운동장과 체육관을 동시에 사용하는 학교도 있고, 스포츠 리그로 대신하기도 합니다. 승패를 따지는 경쟁보다는 협동하여 목표를 이루는 협력에 중점을 둡니다. 가정에서도 이기는 것보다 정정당당하게 경기에 임하는 스포츠맨십을 응원하면 아이가 더 즐겁게 체육대회를 즐길 수 있을 것입니다. 또 하나, 가장 중요한 것은 부상 없이 안전하게 체육대회를 마치는 것이므로 운동화를 꼭 챙겨주시기 바랍니다.

학부모 참여 경기의 경우 미리 부모님의 신청을 받습니다. 그러니 관심이 있으시다면 가정통신문을 잘 읽고 신청해 주십시오. 미리 신청을 받지 않고 현장에서 신청 받는 경우도 있으니 운동화와 편한 복장으로 참석하셔야 예상치 못한 상황에서 부상을 예방할 수 있습니다.

　체육대회 때 아이의 예쁜 모습을 사진이나 영상으로 보관하고 싶으실 것입니다. 하지만 이날은 많은 아이들과 학부모가 한 자리에 모인 만큼 복잡하고 사고 위험이 큽니다. 학교 안내에 따라 사진 및 영상 촬영을 해야 부상과 안전사고의 위험을 줄일 수 있습니다. 경기 중에 이동하면서 사진을 촬영할 경우 다른 학부모의 관람을 방해하고 아이들의 집중력을 떨어트릴 수 있습니다. 가능하면 정해진 구역과 자신의 자리에서 경기를 관람하고 촬영하는 것을 추천합니다. 내 아이를 보는 데 집중하느라 다른 아이와 부딪혀 부상을 입을 수도 있다는 것도 잊지 마세요. 경기 후에 부모님들이 아이의 사진을 찍을 수 있도록 포토타임을 주거나 학교에서 찍은 영상과 사진을 제공하기도 하오니 안내 사항을 잘 참고하시면 됩니다.

반 모임, 꼭 해야 하나요?

반 모임의 장단점, 선택은 각자의 몫

반 모임은 같은 반 학부모님끼리 모여 친목을 도모하는 사적인 모임입니다. 학교나 선생님이 운영하는 게 아니라 학부모님들끼리 자발적으로 만든 자리로, 선생님이 1년간 학급을 운영하는 것과는 아무런 관련이 없습니다. 보통 아이들이 하교한 후 교우 관계를 다지거나 정보를 공유하고 같은 나이의 아이를 키우는 부모로서의 애로 사항을 나누는 개인적인 자리이지요.

육아에 대한 공감대를 형성할 수 있는 상대를 사귄다는 관점에서 반 모임은 좋은 만남의 장이 됩니다. 자녀 교육이라는 공통점을 가지고 있는 만큼 대화도 잘 통하고 상황에 따라 서로를 도와줄 수 있지요.

그러나 모든 인간관계가 그렇듯 다양한 성격과 성향을 가진 사람들이 만나는 자리인 만큼 개중에는 나와 교육관이 다르거나 성향이 맞지 않는 사람도 있을 수 있습니다. 다른 아이나 부모님에 대한 험담을 하거나 교사에 대한 확인되지 않은 정보를 공유할 수도 있다는 점에서 부정적으로 작용하기도 합니다. 학급 경영에 좋지 않은 영향을 미칠 수 있는 말이나 다른 부모님들에게 상처를 주는 말은 꼬리에 꼬리를 무는 갈등으로 번지기 쉽습니다. 특히 부모님 간의 갈등 상황은 쉽게 해결하기가 어렵고 아이의 학교생활에도 나쁜 영향을 줄 수 있으니 신중하시길 당부 드립니다.

반 모임에 나가지 않으면 친구를 사귀지 못하나요?

'내가 반모임에 참석하지 않아서 우리 아이가 친구를 사귀지 못하면 어쩌지?', '1학년 때만이라도 회사를 그만두고 아이를 돌보며 친구를 사귀게 만들어줘야 하는 걸까?' 이렇게 고민하시는 부모님들이 많을 것입니다. 대답은 "반 모임에 참석하지 않아도 아이가 교실에서 소외감을 느끼지 않으니 걱정하지 마십시오."입니다.

아이가 초등학교 2학년 때까지는 부모님끼리 자주 만날수록 친한 친구가 되어 교우 관계에 도움이 됩니다. 특히 아이가 너무 소극적이거나 유치원에 다닐 때 친구 사귀는 것을 어려워했다면 혹은 새로운 관계 맺는 것에 대한 두려움이 있는 상황이라면 부모님이 적극 개입하여 친구랑 상호작용할 기회를 만들어주는 것도 나쁘지 않습니다. 하지만 반 모임을 한다고 해서 모두가 친구를 잘 사귀는 것은 아닙니다. 부모님이 반 모임을 통해서 어울리게 해준 아이들이 서로 잘 지내지 못할 수도 있으며, 반 모임과는 상관없이 아이들끼리 교실에서 어울리며 친해질 수도 있습니다.

 자녀의 친교 관계에 부모님의 영향력은 절대적이지 않습니다. 오히려 부모님 때문에 자신의 성향과 맞지 않는 친구와 계속 놀아야 하는 스트레스를 받을 수도 있습니다. 그리고 고학년이 되면 말하지 않아도 아이가 자기 성향에 맞는 친구를 선택해서 사귑니다. 이때는 오히려 부모님의 개입이 아이에게 불편하겠지요. 그러니 반 모임에 대한 부담을 갖지 않으셔도 됩니다.

여름

: 첫 시험, 그리고 첫 방학을 맞이해요

시험을 본다고요?

시험은 어떻게 보나요?

아이가 학교에 잘 적응할까 노심초사하는 사이 금세 봄이 지나갑니다. 봄이 지나 여름이 다가오면 슬슬 시험은 보는지, 어떻게 대비해야 하는지 좀 더 구체적인 걱정이 들기 시작합니다. 단원 평가를 보는지, 수행 평가를 보는지, 평가 결과는 어떻게 나오는지 등에 대한 궁금증이 커지는 것이지요.

초등학교에서는 학년 초에 학년별로 평가 계획을 수립합니다. 1학년 교육과정 성취 기준에 근거해서 계획을 짜고, 학업성적관리위원회 심의를 거친 뒤 모든 결재를 마치면 학교 홈페이지에 평가 계획을 탑재하거나 가정통신문을 통해 가정에 안내합니다. 따라서 학부모는 학기 초에 우리 아이 학교의 평가 단원, 평가 내용, 평가 방식을 모두 확인할 수 있습니다.

평가는 어떻게 이루어지나요?

평가 방식은 다양한데, 객관식 평가보다는 자기 평가, 동료 평가, 수행 평가, 지필 평가 등 다양한 방법을 통해 평가를 실시하고 있습니다. 1학년의 경우 지필 평가는 아주 중요한 부분만 최소화로 실시합니다. 예를 들어 국어 교과에서 '자음자, 모음자를 쓸 수 있는가'와 같은 부분의 경우에만 지필 평가를 볼 수 있습니다. 특히 1학년 1학기는 아이들이 한글로 쓰는 것 자체에 부담을 느끼기 때문에 고학년과 같은 서술형 평가는 없다고 보시면 됩니다.

과거에 이루어졌던 1회성 단원 평가 등의 결과 중심 평가는 지양하고 있습니다. 단원 평가를 보더라도 피드백을 주고 얼마나 향상되었는지를 보는 식으로 과정 중심 평가가 이루어집니다. 게다가 수업 시간 활동을 통해 평가가 이루어지기 때문에 아이들 입장에서는 지금 활동이 평가인지, 평가가 이루어지고 있는지 전혀 알지 못하는 상태에서 평가가 이루어질 수도 있습니다. 예를 들어 〈여름〉에서는 '나만의 부채를 만들고 꾸며서 활용할 수 있다', 〈국어〉에서는 '인사말을 올바르게 말할 수 있는가' 등이 이에 해당한다고 볼 수 있습니다.

한 학년의 평가 계획은 동일하게 안내되더라도 평가 스케줄은 반별로 조금씩 다를 수 있습니다. 대부분의 경우 담임선생님이 알림장을 통해 미리 고지하니 평소 알림장을 잘 확인하시어 평가에 해당하는 교과서의 내용을 아이와 함께 한 번 보는 것이 좋습니다. 국어와 수학 교과의 경우에는 기초 학력과 연관됩니다. 평소에 우리 아이가 국어나 수학을 어려워한다면 꾸준한 복습을 통해 대비해야 학습 결손이 발생하지 않습니다.

• 1학년 1학기 평가 계획 예시 •

1학년 1학기 교과 학습 평가 계획

로그인초등학교

1	학년	1	학기	국어	과	수행 평가 기준표	
평가 영역	단원	평가 방법	핵심 성취 기준 (교과 역량)	평가 요소	평가 시기	구분	평가 기준
듣기·말하기	5. 다정하게 인사해요	관찰 구술	[2국01-01] 상황에 어울리는 인사말을 주고받는다. (공동체·대인 관계)	상황에 어울리는 인사말 주고받기	6월	매우 잘함	상황에 따라 인사말이 다름을 알고 다양한 상황에 알맞은 인사말을 주고받을 수 있다.
						잘함	상황에 알맞은 인사말을 주고받을 수 있다.
						보통	일부 상황에 알맞은 인사말을 할 수 있다.
읽기	6. 받침이 있는 글자	관찰 구술	[2국02-01] 글자, 낱말, 문장을 소리 내어 읽는다. (문화 향유)	글자, 낱말, 문장을 소리 내어 읽기	7월	매우 잘함	글자, 낱말, 문장을 정확하고 능숙하게 소리 내어 읽을 수 있다.
						잘함	글자, 낱말, 문장을 정확하게 소리 내어 읽을 수 있다.
						보통	글자, 낱말, 문장의 일부를 소리 내어 읽을 수 있다.
문법	8. 소리 내어 또박또박 읽어요	관찰 서술형	[2국04-03] 문장에 따라 알맞은 문장 부호를 사용한다. (자료·정보 활용)	문장에 따라 알맞은 문장 부호 사용하기	7월	매우 잘함	표현 의도에 맞게 다양한 문장에서 문장 부호를 적절하게 사용할 수 있다.
						잘함	문장에 따라 문장 부호를 알맞게 사용할 수 있다.
						보통	문장에서 문장 부호를 일부 사용할 수 있다.

1 학년		1 학기		수학 과		수행 평가 기준표	
평가 영역	단원	평가 방법	핵심 성취 기준 (교과 역량)	평가 요소	평가 시기	구분	평가 기준
수와 연산2	5. 50까지의 수	관찰 구술	[2수01-01] 0과 100까지의 수 개념을 이해하고, 수를 세고 읽고 쓸 수 있다. (문제 해결)	50까지의 수 개념을 이해하고, 수를 세고 읽고 쓰기	7월	매우 잘함	10개씩 묶음과 낱개를 이용하여 50까지의 수 개념을 이해하고, 수가 사용되는 여러 가지 상황에서 수를 읽고 쓸 수 있다.
						잘함	10개씩 묶음과 낱개를 세어 보는 활동을 통하여 50까지의 수 개념을 이해하고, 수를 읽고 쓸 수 있다.
						보통	구체물을 세어 보는 활동을 통하여 50까지의 수 개념을 이해하고, 수를 읽고 쓸 수 있다.
도형	2. 여러 가지 모양	관찰 구술	[2수02-01] 교실 및 생활 주변에서 여러 가지 물건을 관찰하여 직육면체, 원기둥, 구의 모양을 찾고, 그것들을 이용하여 여러 가지 모양을 만들 수 있다. (의사소통)	교실 및 생활 주변에서 여러 가지 물건을 관찰하여 직육면체, 원기둥, 구의 모양을 찾고, 그것들을 이용하여 여러 가지 모양을 만들기	5월	매우 잘함	여러 가지 물건을 직육면체, 원기둥, 구의 모양으로 분류하여 특징을 말하고, 그 모양들을 이용하여 여러 가지 모양을 만들 수 있다.
						잘함	여러 가지 물건 중에서 직육면체, 원기둥, 구의 모양을 찾고, 그 모양들을 이용하여 여러 가지 모양을 만들 수 있다.
						보통	직육면체, 원기둥, 구의 모양을 구별하고, 그 모양들을 이용하여 간단한 모양을 만들 수 있다.
측정	4. 비교 하기	관찰 구술	[2수03-01] 구체물의 길이, 들이, 무게, 넓이를 비교하여 각각 '길다, 짧다', '많다, 적다', '무겁다, 가볍다', '넓다, 좁다' 등을 구별하여 말할 수 있다. (의사소통)	구체물의 길이, 들이, 무게, 넓이를 비교하여 각각 '길다, 짧다', '많다, 적다', '무겁다, 가볍다', '넓다, 좁다' 등을 구별하여 말하기	6월	매우 잘함	세 개 이상의 구체물의 길이, 들이, 무게, 넓이를 비교하여 각각 '길다, 짧다', '많다, 적다', '무겁다, 가볍다', '넓다, 좁다' 등을 구별하여 말할 수 있다.
						잘함	두 개의 구체물의 길이, 들이, 무게, 넓이를 비교하여 각각 '길다, 짧다', '많다, 적다', '무겁다, 가볍다', '넓다, 좁다' 등을 구별하여 말할 수 있다.
						보통	안내된 절차에 따라 구체물의 길이, 들이, 무게, 넓이를 비교하고, 어느 것이 더 긴지, 더 많은지, 더 무거운지, 더 넓은지를 구별할 수 있다.

1	학년	1	학기	통합	과	수행 평가 기준표	
평가 영역	단원	평가 방법	핵심 성취 기준 (교과 역량)	평가 요소	평가 시기	구분	평가 기준
학교	1. 학교에 가면	관찰 자기 평가	[2바01-01] 학교에 필요한 규칙과 약속을 정해서 지킨다. (의사소통)	학교에 필요한 규칙과 약속을 정해서 지키기	5월	매우 잘함	학교생활에 필요한 규칙과 약속을 정하고 스스로 실천할 수 있다.
						잘함	학교생활에 필요한 규칙과 약속을 정하여 실천하려고 노력한다.
						보통	학교생활에 필요한 규칙과 약속을 정하는 데 참여한다.
봄	2. 도란도란 봄 동산	관찰 작품 분석	[2슬02-04] 봄에 씨앗이나 모종을 심어 기르면서 식물이 자라는 모습을 관찰한다. (지식정보 처리)	봄에 씨앗이나 모종을 심어 기르면서 식물이 자라는 모습을 관찰하기	6월	매우 잘함	씨앗이나 모종을 심고 식물이 자라는 모습을 관찰한 후 세부적인 특징을 살려 글과 그림으로 나타낼 수 있다.
						잘함	씨앗이나 모종을 심고 식물이 자라는 모습을 관찰하여 글과 그림으로 나타낼 수 있다.
						보통	씨앗이나 모종을 심고 식물이 자라는 모습을 관찰할 수 있다.
가족	1. 우리는 가족입니다	관찰 작품 분석	[2즐03-01] 가족 구성원이 하는 역할을 고려하여 고마운 마음을 작품으로 표현한다. (창의적 사고)	가족 구성원이 하는 역할을 고려하여 고마운 마음을 작품으로 표현하기	6월	대우 잘함	가족 구성원의 역할에 대한 특징을 반영하여 고마운 마음이 잘 드러나도록 작품으로 표현한다.
						잘함	가족에 대한 고마운 마음을 담아 작품으로 표현한다.
						보통	가족에 대한 고마움을 작품으로 표현하는 활동에 참여한다.

학기 중 상담

비정기 상담, 아이에 대한 좀 더 구체적인 얘기를 들을 수 있어요

개인적인 이유로 1학년 1학기 상담 주간에 참여하지 못했다면 개별 상담을 신청하기를 추천합니다. 특히 봄이 지나 여름이 됐는데도 우리 아이가 아직 학교 가는 것에 대해 많이 긴장한다거나 힘들어한다고 느껴진다면 더더욱 추가 상담이 필요합니다.

1학기 상담은 대개 3월 중후반에서 4월 초반에 이루어집니다. 그렇다 보니 첫 상담에서 우리 아이가 초등 생활을 시작한 후 어떻게 지내고 있는지까지는 알기 어렵습니다. 학부모 상담 기간에 이어 이때 두 번째 상담을 하면 첫 상담 때보다 좀 더 구체적인 질문을 하고 대답을 들을 수 있습니다. 아이가 어느 정도 학교생활을 했기 때문에 선생님 입장에서도 단체 생활을 할 때 그동안 아이가 보여준 모습을 바탕으로 좀 더 정확하고 구체적인 이야기를 해드릴 수 있습니다.

대면, 전화, 서면…
편한 방법을 이용하세요

"워킹맘이라 시간을 내기가 쉽지 않아요." "전화로만 상담해도 될까요? 혹시 담임선생님이 싫어하시지는 않을까요?" 워킹맘의 이런 고민은 당연합니다. 하지만 전화 상담도 얼마든지 가능하고, 일반적으로 대면 상담을 하기 어려운 상황이어서 전화 상담을 하는 경우 담임교사가 꺼려 하지 않습니다. 담임교사에 따라 선호하는 상담 형태가 다를 수 있기 때문에 미리 상담 방법을 문의하고 함께 결정하면 됩니다. 직접 얼굴을 보고 상담을 해야 효과가 있다고 생각하는 교사도 있는 반면 상담 효과가 동일하니 전화 상담으로도 충분하다고 생각하는 교사도 있습니다.

직장생활 여부 등 학부모의 상황에 따라서도 달라집니다. 따라서 문자나 전화를 통해 약속을 잡을 때 가능하면 상담 형태까지 함께 문의하시는 것이 좋습니다. 또 첫 상담일 경우 얼굴을 보지 못한 상황에서 목소리나 느낌만으로 담임교사의 나이나 성격을 파악하려고 하는 분이 계십니다. 하지만 목소리나 말투를 통해 얻은 이미지만으로 교사를 파악하기는 어렵다는 것을 기억해 주십시오.

유치원 상담과 초등학교 상담, 무엇이 다른가요?

　유치원과 초등학교의 가장 큰 다른 점 하나는 초등학교는 유치원처럼 수시로 연락이 오지 않는다는 것입니다. 아이러니하게도 담임선생님의 연락이 없을수록 아이가 학교에 잘 적응하며 잘 지내고 있다는 뜻입니다. 그럼에도 아이나 학교에 대해 궁금한 부분이나 상담할 내용이 생겼을 때는 담임선생님께 먼저 연락을 하시면 됩니다. 어린이집이나 유치원의 경우 원장선생님과 통화하면 빠르고 쉽게 문제를 해결할 수 있었지만 초등학교는 다릅니다. 담임선생님이 아닌 상급 기관이 더 빠르다고 생각하실 수 있는데, 해당 문제와 상황을 가장 잘 아는 사람은 담임선생님입니다. 담임선생님과 상담하는 것이 가장 빠르고 효과적이라는 걸 기억하세요.

생활통지표,
그 속에 숨은 행간 읽기

출결

우리 아이가 학교에서 첫 학기를 어떻게 보냈는지 알려주는 통지표. 통지표에는 어떤 내용이 담겨 있을까요? 그리고 어떻게 하면 성적표에 담긴 의미를 제대로 해석할 수 있을까요? 학교마다 조금씩 다르긴 하지만 통지표는 기본 학적 사항, 출결 사항, 창의적 체험 활동, 교과 평가, 학기말 종합 의견 또는 행동 특성 및 종합 의견 등으로 구성됩니다. 특히 1학년 1학기는 학교마다 차이가 크고, 통지표를 배부하지 않는 학교도 있습니다. 대개 학교에서 정한 양식에 맞춰 담임선생님이 내용을 입력합니다. 통지표 내용은 나이스 홈페이지 (www.neis.go.kr) 학부모 서비스에 접속해 학적을 확인하고 자녀 정보를 입력한 다음 인증서를 등록하면 가정에서도 조회할 수 있습니다.

먼저 출결에는 학생의 결석, 지각, 조퇴, 결과를 질병, 미인정, 기타로 구분하여 입력합니다. 미리 계획서를 제출하고 이후 보고서를 제출한 가정 학습(교외 체험 학습)의 경우에는 출석으로 인정되기 때문에 결석란에 체크되지 않습니다. '특기 사항'란에는 결석 사유 또는 개근 등 특기 사항이 있는 경우 해당 내용을 입력합니다. 조퇴나 지각 사유는 특기 사항란에 기재하지 않지만 조퇴나 지각 기록이 있으면 특기 사항에 개근이 없이 공란으로 남게 됩니다.

창의적 체험활동

창의적 체험활동은 자율 활동, 동아리 활동, 봉사 활동, 진로 활동으로 나누어지며 한 학기 동안 활동한 영역별 이수 시간과 특기 사항을 종합적으로 기록하도록 되어 있습니다. 하지만 1학년 때는 학교마다 창의적 체험활동 항목에 표기되는 내용이 다릅니다. 봉사 중 학교에서 실시한 봉사와 개인적으로 실시한 봉사 내용이 입력되는데, 개인적으로 실시한 봉사 활동은 계획서를 미리 제출하여 학교장이 승인한 경우에만 입력됩니다.

행동 특성 및 종합 의견

행동 특성 및 종합 의견은 학기말 종합 의견이라고도 하며, 교사가 학생의 학교생활 모습을 수시로 관찰하여 얻은 행동 특성을 바탕으로 입력합니다. 수업 시간에 보여주는 모습, 친구들과 생활하는 모습, 교과 성적이나 성격 및 행동 특성 등 학교생활에 대한 종합적 설명으로, 교사가 가장 중요시하는 부분이라 오랜 시간을 들여 작성합니다. 그만큼 한 번 쓰고 나서 수정하고, 고민해서 다시 쓰고, 퇴근해서도 고민하면서 여러 번의 수정 끝에 문구를 완성합니다.

과거에는 이 부분을 한두 문장이나 두세 문장으로 짧게 적거나 아이의 단점을 적나라하게 적기도 했습니다. 예능 프로그램에서 종종 이런 부분들이 적힌 통지표가 공개되기도 했었지요. 하지만 당사자가 받을 상처나 불쾌함을 생각할 때 결코 바람직한 일은 아니었다고 생각됩니다.

요즘은 아이의 단점을 부각시키기보다는 잘하는 것 위주로 기술하고, 관찰 가능한 사실을 구체적인 행동과 관련지어 적습니다. 그러니 혹시 아이의 단점이 적혀 있다고 해서 마음이 상하거나 담임선생님이 우리 아이를 미워한다고 오해하실 필요는 없습니다. 아이를 판단해서 지적하는 것이 아니라 아이의 발전을 돕는 측면에서 쓴 것이라 생각해 주시면 됩니다. 그리고 아이의 단점을 입력하는 경우에도 변화의 가능성을 함께 입력하고 있으니 전체적인 측면에서 바라봐 주십시오.

학습 면에서는 학습 태도, 교과별 학업 성취 상황 등을 서술하고, 생활 면에서는 교우 관계에 있어서 아이의 행동, 갈등 관리, 관계 지향성, 규칙 준수 및 봉사, 배려하는 모습 등에 대해서 서술합니다. 정리 정돈이나 절제, 창의성, 협력하는 모습도 서술합니다. 예를 들어 선생님이 우리 아이에 대해 '학급의 어려운 일을 솔선수범하여 처리하고 도움이 필요한 친구들을 잘 돕는 모범적인 어린이'라고 써주셨다면 듬뿍 칭찬해 주시면 됩니다. 잘하는 학생에게는 '잘한다', '우수하다', '모범이 된다' 등의 표현을 사용합니다. 하지만 '다른 사람을 배려하고 생각해 주는 따뜻한 마음을 갖는다면 더 큰 사람이 될 수 있는 가능성이 있음'이라거나 '종종 감정을 절제하지 못할 때가 있으나 학기 초에 비해 친구들을 배려하려는 노력이 엿보임'과 같이 좋은 결과가 예상되거나 발전 가능성이 기대된다는 표현이 들어 있다면 아이의 발달에 좀 더 신경을 써 달라는 의미로 받아들이는 것이 좋습니다. 또 '친구들과의 갈등이 줄어들고 개선하려고 노력함'처럼 노력하고 있다는 말이 들어 있으면 노력이 필요하다는 뜻으로, 현재는 친구들과 갈등 상황이 자주 발생하거나 마찰이 자주 일어난다는 뜻으로 해석할 수 있습니다.

  중요한 것은, 장점만 있는 아이도 없고 단점만 있는 아이도 없기 때문에 담임교사 입장에서는 최대한 장점을 중심으로 기술하려고 노력한다는 점입니다. 그리고 대부분의 아이들은 긍정적인 방향으로 성장합니다. 그러니 문구 중에 '노력하고 있음'이나 '발전이 기대됨'과 같은 표현이 있다고 해서 속상해 하실 필요가 없습니다. 담임교사가 아이에게 그만큼 관심을 가지고 발전 가능성에 대한 기대를 품고 있다는 의미로 해석하시고, 아이가 좀 더 좋은 방향으로 성장할 수 있도록 필요한 부분을 도와주시면 됩니다.

첫 방학, 어떻게 보내면 좋을까요?

방학의 의미 되새기기

방학을 어떻게 보냈는지는 2학기 개학날에 보면 확인할 수 있습니다. 신체적·정신적으로 쑥 성장한 아이도 있고, 그저 그런 시간을 보내고 온 듯한 아이도 있습니다. 요즘은 학교에서 방학 숙제를 많이 내주거나 강조하지 않는 분위기입니다. 그렇다 보니 가정에서 어떻게 방학 계획을 세워 보람 있는 시간을 만들어야 하나 고민할 수밖에 없습니다. 방학 중에 무조건 선행학습을 많이 하는 것은 방학을 보람 있게 보내는 것이 아닙니다.

방학은 기본적으로 재충전을 하고 기초를 점검하는 시간입니다. 이 기간에 잘 쉬고 잘 놀고 잘 먹어야 아이는 한 뼘 더 성장하고, 2학기 학교생활에도 잘 적응할 수 있습니다. 따라서 아이가 놀 수 있는 시간을 충분히 확보해 주시는 것이 좋습니다. 매일 꾸준한 운동과 함께 가족 여행이나 박물관·미술관 관람 등을 통해 다양한 경험을 할 수 있게 해 주십시오. 많이 보고 많이 듣고 많이 깨닫는 것만큼 좋은 공부는 없습니다.

무엇보다 꾸준히 독서 시간을 가져야 합니다. 독서 습관이 형성되어 있지 않은 아이라면 첫 방학을 책과 친해지는 기회로 만드는 것도 좋습니다. 책의 세계는 무궁무진합니다. 방학 동안 그 세계에 빠져 보는 기쁨을 누리기를 추천합니다. 동네에 있는 공공도서관이나 서점을 자주 다니길 권합니다. 이와 함께 가능하면 학기 중처럼 규칙적인 생활을 할 것을 권합니다. 맞벌이 가정의 경우 방학 중에도 돌봄교실에 보내야 하는 상황이 발생할 것입니다. 운영 여부나 시간, 방법 등은 학교마다 다르니 돌봄선생님께 직접 문의하시는 것이 가장 정확합니다.

건강 검진으로 내 건강 상태 확인하기

여름 방학 동안 학교 지정 치과에서 건강 검진을 한 뒤 2학기가 되면 결과를 제출해야 합니다. 우리 아이의 건강을 가늠할 수 있는 척도인 만큼 반드시 검진에 참여해 주시길 부탁드립니다. 방학을 며칠 남겨두지 않고 병원을 방문하면 사람들이 몰려 대기 시간이 길어져 힘들 수 있으니 방학 초반에 검진 받는 것을 추천합니다.

복습을 통해 부족한 부분 점검하기

1학년의 학력 격차는 한글 수준의 차이에서 오는 경우가 많습니다. 아이가 한글을 정확하게 알고 있는지, 읽고 쓸 수 있는지를 1학기 국어 교과서를 통해 확인해야 합니다. 확인 결과 우리 아이의 한글이 아직 서툴다면 여름 방학을 이용해 반드시 한글의 기본을 다져야 합니다. 아이가 좋아하는 그림책이나 동화책의 문장을 활용하는 것도 방법입니다.

방학 동안 꼭 복습해야 하는 과목은 국어와 수학입니다. 어휘나 독해 문제집을 풀라는 의미가 아닙니다. 모든 답은 독서에 있습니다. 독서는 많이 하는데 막상 책 내용을 물어보면 대답하지 못하는 아이가 있습니다. 이런 경우에는 천천히 소리 내어 읽는 낭독을 추천합니다. 자신의 수준보다 쉬운 것부터 낭독하는 습관을 들이고, 읽은 내용을 잘 이해했는지 반드시 확인하는 연습이 필요합니다.

학습만화를 좋아하는 아이라면 보게 하는 것도 괜찮습니다. 하지만 학습만화만 보는 것은 바른 독서 습관이 아닙니다. 이런 아이들은 학년이 올라가도 계속 학습만화만 보는 경향이 있기 때문입니다. 그리고 내용이 괜찮은 학습만화도 있지만 그렇지 않은 경우도 있습니다. 이는 아이가 가질 수 있는 다양한 독서의 폭을 한정시키고, 줄글에서 찾을 수 있는 다양한 독서의 장점들을 만날 수 없도록 제한합니다. 또한 만화의 경우 호흡이 짧고 내용이 간단하게 전달되는 경우가 많습니다. 아이가 여기에 익숙해지면 비교적 긴 호흡의 글을 읽는 것을 어려워할 수 있습니다. 이런 이유로 줄글로 된 책을 중심으로 읽으면서 가끔 학습만화를 읽을 것을 추천합니다.

부모님의 주재원 생활 등으로 요즘은 외국에서 살다 온 아이도 꽤 많습니다. 이처럼 아이가 유아 시기나 초등 저학년 때 외국 거주 경험이 있을 경우 친구들에 비해 국어 실력이 부족할 수 있습니다. 이런 상황이면 어휘 공부에 시간을 들여야 하는데, 이 경우 역시 문제집을 푸는 것이 아니라 책을 통해 어휘를 접할 것을 추천합니다. 문제를 맞혔을 때도 그 어휘를 이해했다고 보기보다는 그 어휘를 넣어 적절한 문장을 만들 줄 아는 것으로 아이가 어휘를 이해했는지 판단하는 것이 좋습니다.

선생님마다 견해의 차이는 있지만 국어 공부를 위해 독해 문제집을 풀 필요는 없습니다. 독해 문제집을 풀 시간에 책을 한 권 더 읽는 것을 추천합니다. 국어 문제집은 중등 이후에 풀어도 충분합니다. 다만 국어과 단원 평가를 지필로 실시하는 학교라면 그 문제 유형에 익숙해지도록 한 번 더 확인해 주시는 것이 도움이 될 수 있습니다. 1학년 1학기 방학에는 맞춤법과 띄어쓰기 기준에 맞춰 받아쓰기 하는 연습을 해보는 것이 훨씬 더 도움이 됩니다. 또 부모님께서 아이와 함께 책을 읽으며 중간중간 질문을 통해 아이의 이해도를 파악하고, 사고를 확장할 수 있도록 도와주시는 것도 좋은 경험이 될 수 있습니다. 예를 들어 "놀부가 왜 그렇게 행동했을까? 네가 흥부라면 어떻게 행동했을까?" 하는 식으로요.

수학은 내용이 위계적으로 구성되어 있어 이전 학기 학습에 결손이 있을 경우 다음 학기의 학습 결손으로 이어집니다. 문제는 학습 결손이 누적된다는 데 있습니다. 만약 아이가 연산과 도형 중 어느 한 영역은 잘하는데 어느 한 영역은 유독 어려워한다면 부족한 부분에 대한 공부를 좀 더 할 필요가 있습니다. 연산 속도가 많이 느리다면 1학기 수학 교과서와 수학 익힘책으로 복습하면 됩니다. 수학 교과서에 스토리텔링이 많다고 걱정하는 경우가 있는데, 초등학교 수학 공부를 위해 논술 학원에 다닐 필요는 없습니다.

통합 교과의 경우에는 학교에서 활동을 통해 충분히 학습이 이루어지므로 학기 중이나 방학 때 내용을 이해하기 위해 문제집을 푸는 방식으로 복습이나 예습을 할 필요는 없습니다. 기초 학습습관을 잡기 위해 통합 교과 공부 내용을 활용하는 것은 괜찮지만 아이가 좋아하지 않는다면 굳이 문제집을 풀 필요까지는 없습니다.

예습을 통해 배우고 싶은 내용 생각하기

예습이 도움되는 과목은 역시나 국어와 수학입니다. 여기서 의미하는 국어 예습은 문제집을 통해 선행하는 것이 아니라 아이가 읽는 책의 수준에 있어서의 예습을 말합니다. 수학의 경우 아이가 이제까지 배운 내용을 모두 잘 이해하고, 더 알고 싶어 할 수 있습니다. 이럴 때 예습을 하면 특히 효과적입니다. 그런데 선행을 하면서 현행을 놓치는 아이들이 생각보다 많습니다. 선행은 어디까지나 현행 뒤에 이루어져야 하며, 현재까지 배운 내용을 잘 이해하고 있는 것이 중요하다는 사실을 잊지 마세요.

가을
: 우리 모두 열매를 맺어요

풍성한 행사로
즐거움이 가득

교육 활동의 결실을 맺는 계절

가을은 결실을 맺는 계절임을 학교에서도 느낄 수 있습니다. 행사를 지양하는 추세에도 불구하고 가을이 되면 온갖 행사가 실시됩니다. 3월부터 갈고 닦은 온갖 교육 활동에 대한 성과를 검증하는 시기이기 때문입니다. 학교마다 줄넘기, 독서, 영어, 컴퓨터, 악기 등 교육 활동 전반에 대한 성과를 검증하고 피드백하기 위해 인증제를 실시하거나 대회를 열거나 학예회를 하는 등 학생 평가 및 각각의 해당 프로그램을 실시합니다. 3월에 안내된 각종 인증제와 대회에서 아이가 성취감을 느낄 수 있는 좋은 기회이기도 하지요.

특히 가을은 독서의 계절답게 독서 퀴즈 대회나 독서 감상문 쓰기 대회, 논술 토론 대회와 같은 독서 관련 대회가 많습니다. 대회가 아니더라도 많은 학교들이 다른 형식으로 독서를 장려하는 행사를 운영하고 있습니다. 줄넘기 인증제, 컴퓨터 활용 인증제, 악기 인증제 등 P/F의 형태로 학생들의 교육 활동에 대한 성과를 평가하기도 합니다.

2학기는 보통 여름 방학이 끝나고 개학날부터 시작되는데, 학기 시작 후 일주일 이내에 학급 임원을 선출합니다. 임원 선출 제도의 단점도 있어 혁신 학교와 같은 일부 학교에서는 아예 반장, 부반장, 회장, 부회장을 뽑지 않기도 합니다. 하지만 세계시민 교육과 민주시민 교육 아래 학생 자치를 강조하는 교육 흐름에 따라 임원 선출 제도를 유지하며, 학생 자치 활동을 장려하는 학교들도 많습니다. 또 학교마다 다르긴 하지만 학예회와 운동회를 격년제로 번갈아 하는 경우도 많은데, 교육 활동을 집대성하여 발표하는 지역 축제처럼 운영하기도 합니다. 이처럼 가을은 학교에서도 수확의 계절입니다.

2학기 현장 체험 학습, 운동회, 학예회…
교육 활동 전성기

현장 체험 학습을 연 1회 가는 학교는 2학기보다 1학기에 가는 경우가 많습니다. 반대로 연 2회 가는 학교는 4월과 10월에 많이 갑니다. 학교에서는 학년별로 교육과정 목표에 도달할 수 있는 다양한 체험 학습을 경험할 수 있도록 테마파크, 박물관, 전시관, 진로 체험관, 농촌 체험 등 다양한 장소를 물색합니다. 하지만 학교의 교육적 고민과는 별개로 학생 및 학부모님들은 놀이공원이나 실외 체험을 선호하기도 합니다.

요즘은 '한마당', '어울림축제', '큰잔치' 등으로 이름을 바꿔 행사의 획일성을 지양하는 추세입니다. 또한 미세먼지로 인해 실외 행사를 하는 데 지장이 생기다 보니 학예회의 성격이 강한 실내 행사로 진행하는 경우도 많습니다. 이제는 코로나19로 인해 집합성 행사를 지양해야 하는 만큼 소규모 행사나 개별 활동이 더 많아질 것으로 보입니다.

학교생활 전반을
점검하는 시기

학습 태도와 생활습관을 점검해요

2학기가 되면 우리 아이들이 부쩍 의젓한 모습을 보입니다. 학부모님도 그렇겠지만 담임선생님 역시 제법 학생다움을 풍기는 아이들 모습에 기특함과 뿌듯함을 동시에 느끼지요. 이때 부모님께서는 아이의 적응도에 만족하며 판단하기보다는 학교에서도 실제로 잘 적응하고 있는지, 학교생활에 흥미를 느끼며 발전적으로 생활하고 있는지 등을 점검해 주셔야 합니다. 그래서 2학기 학부모 상담은 1학기와 다르며, 학교와 가정간 소통이 더욱 필요합니다.

1학기 때는 모든 것이 낯설었을 것입니다. 하지만 2학기가 되면 선생님, 친구들과의 친숙함을 바탕으로 학교와 학급 생활에 여유가 생깁니다. 학부모님 역시 적응에만 집중하던 1학기와 달리 2학기가 되면 본격적으로 아이의 학업에 신경을 쓰게 됩니다. 이때 아이의 생활을 점검하지 않으면 1학년 때는 그러지 않았는데 2학년이 되어 변했다며 당황하는 일이 발생할 수 있습니다.

1,2학년 때는 학습 태도와 기본 생활습관을 바르게 잡아주는 노력이 필요합니다. 이때 형성된 바른 습관과 태도가 학년 단계에 따른 과업을 성취시켜 주는 기본이 되기 때문이지요. 학원 스케줄을 정해서 아이를 돌리는 것도 필요하지만 우리 아이가 수업 시간에 어떤 태도나 능력이 부족한지, 어떤 태도가 학업 성취를 방해하고 있는지 점검하는 것도 중요합니다. 이를 통해 우리 아이가 잘하고 있는 점은 더욱 유지 및 발전시키고, 부족한 점은 보완해야 합니다. 어릴수록 변화의 가능성이 높은 만큼 잘못되거나 부족한 부분은 조금이라도 일찍 바로잡고 보충해 주는 것이 좋습니다.

친구들과의 관계가 원만한지 점검해요

교우 관계도 점검해야 합니다. 아이의 성향에 따라 다르지만 저학년 때는 주로 한두 명과의 긴밀한 관계를 통해 안정감과 만족감을 느낍니다. 이 과정에서 학교생활 전반에 대해 긍정적인 태도를 형성하지요. 그런데 종종 친구를 사귀지 못하는 아이들이 있습니다. 혹시 우리 아이가 그렇다면 친구들과 원만한 관계를 형성할 수 있도록 담임선생님께 부탁을 드리는 것도 방법입니다. 담임선생님이 아이들의 성향과 상황에 맞게 책상 자리 배치, 모둠 활동을 비롯한 친구들과 함께하는 활동 등에서 해당 아이에게 도움을 줄 수 있습니다.

친구들과의 관계에서 갈등이 생겼을 때 어떤 방식으로 해결하는지도 들어보시기 바랍니다. 요즘 아이들은 형제자매 수가 적거나 외동인 경우가 많기 때문에 가정에서는 볼 수 없는 행동을 친구들이 많은 학교에서는 보일 수 있습니다. 부모님들은 자녀가 가정에서 하지 않던 행동을 교실에서 하면 많이 놀라시는데, 교실이라는 새로운 환경과 친구들과의 사회생활 속에서 가정과 다른 모습을 보이는 것은 당연합니다. 달라진 내 아이의 모습에 너무 놀라지 마세요. 그보다는 가족과 있을 때와 친구와 있을 때 다르게 행동하는 아이를 있는 그대로 수용하시고 고쳐야 할 부분이 있다면 시간을 들여 바람직한 방향으로 끌어주시는 것이 좋습니다. 게다가 이 교우 관계 양식은 고학년이 될수록 더욱 두드러지고, 넓어지는 사회관계 속에서 다른 사람들과 생활하는 모습으로 고정화될 가능성이 높습니다. 그러니 행동 조정이나 감정 순화 등 여러 측면에서 부모님의 도움이 필요하다면 일찍 개입하는 것이 좋습니다. 담임선생님이 아이들의 성향과 상황에 맞게 책상 자리 배치, 모둠 활동을 비롯한 친구들과 함께하는 활동 등에서 해당 아이에게 도움을 줄 수 있습니다.

아이와 부모, 서로를 존중해요

아이가 성장할수록 훈육에 대한 부모님의 고민도 커집니다. 혹시 아이의 기를 죽일까봐, 자존감을 무너트릴까봐 맘대로 훈육하지 못하고 걱정하는 것이지요. 그런데 자존감이 높다고 해서 무조건 좋은 것은 아니며, 반대로 자존감이 낮다고 해서 다 나쁜 것도 아닙니다. 자존감은 아이가 성장하는 과정에서 함께 성장하며, 필수적으로 아이는 성장통을 겪습니다.

   부모 또한 완벽한 부모일 수 없으며, 다양한 갈등 상황을 통해 더 나은 부모로 성장해 갑니다. 서로의 부족한 점은 인정하고 장점은 존중하는 관계를 형성하기 위해 노력하면 됩니다. 부족한 점을 인정한다는 것은 나다움을 존중하는 것에서 시작됩니다. 부모의 '부모다움', 아이의 '아이다움'이 어떤 것인지 상담을 통해 모두의 성장에 도움이 되는 정보를 얻으십시오.

부모님 역할이 중요해요

아이의 든든한 파트너이자 조력자가 되어 주세요

부모는 아이가 공부하는 데 필요한 것들을 돕는 파트너 역할과 조력자 역할을 하는 것으로 충분합니다. 따라서 숙련된 전문가가 아니어도 되며, 슈퍼맘이 아닌 것을 미안해할 필요가 전혀 없습니다.

부모가 아이에게 어떤 상황에서든 바람직한 방향을 찾도록 하기 위해서는 원만한 관계를 바탕으로 경청과 질문을 적절히 해야 합니다. 하루 동안 교실에서 일어난 일이나 하교 후에 있었던 일, 선생님께 배운 내용을 대화를 통해 나누면 자연스럽게 내 아이에게 맞는 지도 방법을 찾을 수 있습니다. 이는 메타인지 향상에도 도움이 됩니다.

메타인지는 자신의 인지적 활동에 대한 지식과 조절을 의미하는 것으로, 이

메타인지 능력이 뛰어나면 자신의 사고 과정 전반에 대한 이해가 높아 어떤 일을 수행하거나 배울 때 효과적입니다.

저학년 때는 부모 주도로 성실하고 모범적인 아이를 만드는 것이 가능합니다. 하지만 고학년이 될수록 아이 스스로 자기 생활을 관리하여 학습하는 자기 주도적 학습 태도가 학업 성취에 영향을 미칩니다. 부모와 아이의 관계가 친밀하지 못하고 신뢰도가 낮을 경우 부모는 "너 그거 다 했어?" "숙제 한 거 보여줘 봐."와 같은 말을 하는 관리감독자가 됩니다. 이렇게 될 경우 아이는 슬슬 부모님 눈치를 보며 마음에도 없는 거짓 대답이나 거짓 행동을 하고 집 밖의 신선한 자극들에 집중하게 됩니다.

자기 주도 학습 능력을 키우기 위해서는 아이의 학습 성향과 흥미에 따른 자발적인 동기 유발이 가능하도록 해주어야 합니다. 아이를 세심하게 관찰하여 부모가 유도하는 행동이 일어났을 때 바로 칭찬을 통해 행동을 강화시켜주는 것이 좋습니다. 또한 아주 기본적인 건강 관리부터 평소에 시간을 어떻게 쓰고 있는지, 학습에 적절한 환경인지 등 자기 관리 측면에서도 부모님의 확인이 필요합니다. 이를 통해 아이가 작은 것부터 스스로 관리하는 습관을 가질 수 있도록 도와주어야 합니다.

교실에서 이루어지는 선생님의 교수 방법에 관여할 수는 없지만 독서 방법이나 노트 정리 방법, 교재 선택 방법 등의 학습 방법은 부모님이 개입할 수 있습니다. 바른 습관을 들여줄 수 있는 부분이니 아이와의 약속을 통해 반복적인 행동으로 학습 습관을 잡아주시기를 권합니다.

놀이를 통해 자연스럽게 배우게 해주세요

초등학교 1학년은 유치원과 연계한 교육 환경 조성 및 심리적 안정과 발달 단계에 맞는 교육으로 성장을 지원하기 위한 교육과정을 구성하고 있습니다. 그렇다 보니 기초부터 차근차근, 숙제와 시험에 대한 부담 없이 편안하게, 한 명 한 명을 배려하며 놀이 중심으로 재미있게 가르치는 것을 중점에 두고 있습니다. 한마디로 놀이도 공부가 되는 것이지요.

놀이는 아이들을 적극적인 활동의 주체로 만들고, 행복감과 정서 조절 능력을 키워주는 데 매우 효과적인 방법입니다. 이렇게 놀이가 학습이 되게 하려면 아이에게 부담이 되지 않도록 허용적인 분위기를 만들어 줘야 합니다. 또 놀이를 통해 자연스러운 배움이 일어나도록 아이에게 충분히 놀 수 있는 시간을 주어야 합니다. 예를 들어 구체물을 이용한 놀이를 통해 수 감각을 익힐 수 있게 하거나 손가락을 이용한 수 세기와 셈하기 기회를 주는 것입니다. 손 유희나 실뜨기 같은 간단한 놀이로 아이와 놀아주는 것도 좋습니다.

이와 연계하여 생활 속 체험 활동으로 학습의 효과를 극대화할 수 있는 교외 체험 학습을 적극 권장합니다. 교외 체험 학습은 가족 여행이나 조부모의 칠순 잔치 참여, 제사 참여, 학교 밖 교육 기관 체험 등 부모님이 계획 주도하여 교육의 기회를 제공하는 것도 학습으로 인정해 주는 제도입니다. 저학년 때까지만 해도 아이들이 부모님과 함께하는 것을 즐거워하지만 학년이 올라갈수록 혼자 있고 싶어 하거나 가족 행사에 동행하지 않으려 합니다. 함께하는 것이 의미 있는 것이라는 생각을 갖게 해주시는 것이 중요합니다. 그러니

이 제도를 적극 활용하여 기억 지속성이 높은 체험 학습이나 가족 행사를 많이 가져주시기를 당부 드립니다. 이를 통해 아이와 추억을 쌓는 것은 물론 정서적인 충족감과 학습 효과를 극대화하시기를 바랍니다.

겨울
: 매일 조금씩 더 성장합니다

우리 아이의
일 년 돌아보기

1학기 통지표와 2학기 통지표, 무엇이 다른가요?

 1학기 때 받았던 생활통지표를 2학기 때도 받습니다. 우리 아이가 학교에서 첫 1년을 어떻게 보냈는지 알려주는 것이지요. 1학기 때 한 번 받아본 만큼 두려움이 크지는 않으실 겁니다. 1학기 생활통지표와 공통적인 부분은 앞의 〈여름〉 부분에서 설명한 내용을 참고하시면 됩니다. 2학기 생활통지표 또한 나이스 홈페이지에 접속하시면 내용을 확인할 수 있습니다. 2학기 생활통지표가 1학기 때와 다른 부분은 교과 평가입니다.

 통지표를 볼 때 가장 중요하게 봐야 하는 두 부분은 교과 평가(과목별 성취도)

• 1학년 2학기 교과 학습 평가 계획 예시 •

1학년 2학기 교과 학습 평가 계획

로그인초등학교

1	학년	2	학기	국어	과	수행 평가 기준표	
평가 영역	단원	평가 방법	핵심 성취 기준 (교과 역량)	평가 요소	평가 시기	구분	평가 기준
읽기	8. 띄어 읽어요.	관찰 구술	[2국02-02] 문장과 글을 알맞게 띄어 읽는다. (의사소통)	글을 문장 부호에 맞게 바르게 띄어 읽기	12월	매우 잘함	문장 부호가 있는 곳과 문장의 끝에서 띄어 읽고, 글에서 무엇을 설명하는지 알 수 있다.
						잘함	문장 부호가 있는 곳과 문장의 끝에서 띄어 읽을 수 있다.
						보통	문장의 끝에서 띄어 읽을 수 있다.
쓰기	3. 문장으로 표현해요	관찰 서술	[2국03-02] 자신의 생각을 문장으로 표현한다. (의사소통)	자신의 생각을 문장으로 표현하기	10월	매우 잘함	이야기에 등장하는 두 인물에게 해 주고 싶은 말을 적절한 수식어를 사용하여 문장으로 나타낼 수 있다.
						잘함	이야기 속 인물에게 해주고 싶은 말을 적절한 수식어를 사용하여 문장으로 나타낼 수 있다.
						보통	야기 속 인물에게 해주고 싶은 말을 문장으로 나타낼 수 있다.
문학	5. 알맞은 목소리로 읽어요	상호 평가	[2국05-01] 느낌과 분위기를 살려 그림책, 시나 노래, 짧은 이야기를 들려주거나 듣는다. (자기 성찰·계발)	느낌과 분위기를 살려 그림책, 시나 노래, 짧은 이야기를 들려주거나 듣기	11월	매우 잘함	그림책, 시나 노래, 짧은 이야기를 느낌과 분위기를 살려 실감나게 들려주거나 집중하여 들을 수 있다.
						잘함	그림책, 시나 노래, 짧은 이야기를 느낌과 분위기를 살려 들려주거나 들을 수 있다.
						보통	그림책, 시나 노래, 짧은 이야기를 들려주거나 들을 수 있다.

1	학년	2	학기	수학	과	수행 평가 기준표	
평가 영역	단원	평가 방법	핵심 성취 기준 (교과 역량)	평가 요소	평가 시기	구분	평가 기준
수와 연산	2. 덧셈과 뺄셈(1)	서술	[2수01-06] 두 자리 수의 범위에서 덧셈과 뺄셈의 계산 원리를 이해하고 그 계산을 할 수 있다. (문제 해결)	두 자리 수의 범위에서 덧셈과 뺄셈의 계산 원리를 이해하고 그 계산하기	10월	매우 잘함	두 자리 수의 범위에서 받아올림이 없는 덧셈과 받아내림이 없는 뺄셈을 능숙하게 하고, 그 계산 과정을 설명할 수 있다.
						잘함	두 자리 수의 범위에서 받아올림이 없는 덧셈과 받아내림이 없는 뺄셈의 계산 원리를 이해하고, 그 계산을 할 수 있다.
						보통	안내된 절차에 따라 두 자리 수의 범위에서 받아올림이 없는 간단한 덧셈과 받아내림이 없는 간단한 뺄셈을 할 수 있다.
도형	3. 여러 가지 모양	관찰	[2수02-03] 교실 및 생활 주변에서 여러 가지 물건을 관찰하여 삼각형, 사각형, 원의 모양을 찾고, 그것들을 이용하여 여러 가지 모양을 꾸밀 수 있다. (의사소통)	교실 및 생활 주변에서 여러 가지 물건을 관찰하여 삼각형, 사각형, 원의 모양을 찾고, 그것들을 이용하여 여러 가지 모양을 꾸미기	11월	매우 잘함	여러 가지 물건을 삼각형, 사각형, 원의 모양으로 분류하여 특징을 말하고, 그 모양들을 이용하여 여러 가지 모양을 꾸밀 수 있다.
						잘함	여러 가지 물건 중에서 삼각형, 사각형, 원의 모양을 찾고, 그 모양들을 이용하여 여러 가지 모양을 꾸밀 수 있다.
						보통	삼각형, 사각형, 원의 모양을 구별하고, 그 모양들을 이용하여 간단한 모양을 꾸밀 수 있다.
측정	5. 시계 보기와 규칙 찾기	관찰 구술	[2수03-02] 시계를 보고 시각을 '몇 시 몇 분'까지 읽을 수 있다. (의사소통)	시계를 보고 시각을 '몇 시' 또는 '몇 시 30분' 으로 읽기	12월	매우 잘함	여러 가지 시각을 '몇 시' 또는 '몇 시 30분'으로 읽고, 모형 시계에 나타낼 수 있다.
						잘함	여러 가지 시각을 '몇 시' 또는 '몇 시 30분'으로 읽을 수 있다.
						보통	안내된 절차에 따라 시계를 보고 시각을 '몇 시' 또는 '몇 시 30분'으로 읽을 수 있다.

1학년 2학기 통합과 수행 평가 기준표

평가 영역	단원	평가 방법	핵심 성취 기준 (교과 역량)	평가 요소	평가 시기	구분	평가 기준
마을	1. 내 이웃 이야기	관찰 자기 평가	[2바05-01] 공공장소의 올바른 이용과 시설물을 바르게 사용하는 습관을 기른다. (지식정보 처리)	공공장소의 올바른 이용과 시설물을 바르게 사용하는 습관을 기르기	9월	매우 잘함	공공장소를 올바로 이용하고 시설물을 바르게 사용해야 하는 이유와 그 방법을 알고 생활 속에서 실천할 수 있다.
						잘함	공공장소를 올바로 이용하고 시설물을 바르게 사용해야 하는 이유와 그 방법을 말할 수 있다.
						보통	공공장소와 공공 시설물의 예를 말할 수 있다.
가을	2. 현규의 추석	관찰 상호 평가	[2즐06-03] 여러 가지 민속놀이를 한다. (지식정보 처리)	여러 가지 민속놀이에 즐겁게 참여하기	10월	매우 잘함	여러 가지 민속놀이의 방법을 알고 규칙을 지켜 즐겁고 적극적인 자세로 놀이에 참여한다.
						잘함	여러 가지 민속놀이의 방법을 알고 즐겁게 참여한다.
						보통	여러 가지 민속놀이에 참여할 수 있다.
겨울	2. 우리들의 겨울	관찰 작품 분석	[2즐08-01] 겨울의 모습과 느낌을 창의적으로 표현한다. (심미적 감성)	겨울의 모습과 느낌을 창의적으로 표현하기	12월	매우 잘함	겨울의 특징을 파악하여 겨울의 모습과 느낌이 잘 드러나도록 창의적으로 표현한다.
						잘함	겨울의 모습과 느낌이 드러나도록 표현한다.
						보통	겨울의 모습을 표현하는 활동에 참여한다.

와 행동 특성 및 종합 의견(학기말 종합 의견)입니다. 과거의 교과 평가가 '수·우·미·양·가'의 5단계로 이루어졌다면 지금은 '잘함·보통·노력 요함', 혹은 '매우 잘함·잘함·보통'의 3단계로 바뀌었습니다. 해당 학교의 학업성적관리위원회에서 평가 범위와 내용을 어떻게 할 것인지, 평가 결과를 단계에 따라 잘함·보통·노력의 기호로 표시할지 아니면 줄글로 표시할지 등을 결정합니다.

담임선생님에 따라 다르긴 하지만 초등학교에서는 대부분 아이들을 긍정적으로 평가하려고 합니다. 변화 가능성에 대해 높이 평가하고, 노력한다면 메꿔질 수 있는 부분에 대해 고려하지요. 아이가 평가 결과에 상처받고 좌절하기보다는 '공부와 노력의 방향성' 찾기를 독려합니다. 그러니 학습 결손이 있을 경우 방학을 이용해 반드시 채워주셔야 합니다. 전반적으로 성적을 좋게 주는 초등의 특성상 '보통'으로 표시된 과목의 내용을 잘 살펴보고 피드백하시면 됩니다.

학기 말 종합 의견에 숨은 의미 읽는 법

2015 개정 교육과정의 평가 특징 중 하나는 과목마다 단원이 아닌 '영역'으로 평가한다는 점입니다. 예를 들어 초등학교 1학년 1학기 수학에서는 5개의 단원을 배웁니다. 이때 평가 결과가 1단원 '9까지의 수', 3단원 '덧셈과 뺄셈'에 대한 성적이 각각 나오는 것이 아니라 '수와 연산'이라는 영역에 대한 평가가 나온다는 의미입니다. 한 영역이 한 단원의 내용으로 되기도 하고, 두세 개

단원으로 되기도 합니다. 즉 한 학기 또는 일 년 동안 학습한 영역별 평가 결과를 확인할 수 있습니다.

2015 개정 교육과정의 또 다른 평가 특징은 결과가 아닌 '과정 중심 평가'를 한다는 점입니다. 이는 상대 평가로 단순 줄 세우기를 하는 것이 아니라 아이의 역량과 성취, 과정을 평가하는 것으로 서술형으로 표현되는 경우가 많습니다. 그런데 평가 결과를 보고도 우리 아이가 잘한 것인지, 보통인지, 노력이 필요한 것인지 이해하지 못하는 부모님들이 계십니다. '~를 활용하여'나 '○○ 문제를 능숙하게 해결할 수 있음', '문제를 해결할 수 있음' 등의 표현이 들어 있으면 안심하셔도 됩니다. 하지만 '○○를 활용할 줄 알지만 △△ 문제를 해결하는 데 어려움이 있음'이나 '○○를 활용하여 △△ 문제를 해결하는 데 미흡함' 등의 문구가 있다면 해당 내용의 학습 도움이 필요하다는 의미입니다.

분반,
이것이 궁금해요

분반은 어떻게 되나요?

학기말에 아이들이 가장 관심을 갖는 부분 중 하나가 '분반'입니다. 이 무렵 친구들에게 편지를 쓰라고 하면 "○○아, 지난번에 지우개 빌려줘서 고마워. 내년에도 같은 반 되자."와 같은 멘트가 단골로 등장하지요. 그만큼 아이들에게는 분반이 초미의 관심사입니다.

> 위 어린이는 2022학년도 2학년 (가)반에 배정되었습니다.

통지표 분반 결과 안내 문구입니다. 그렇다면 분반은 어떻게 이루어질까요? 혹시 분반을 위한 시험을 볼까요?

부모님들이 학교를 다닐 때만 해도 '분반 고사'라는 명칭의 시험을 보기도 하고, 성적을 공개적으로 나열하여 이를 분반의 기초 자료로 쓰기도 했습니다. 학교나 학급에 따라 다르겠지만 요즘은 공식적인 '분반 고사'는 실시하지 않습니다. 대신 그동안 치룬 단원 평가나 수행 평가를 분반 기초 자료나 참고 자료로 활용합니다. 다음 연도 학급 간의 편차를 줄이기 위함일 뿐 아이들을 '성적순'으로 줄 세우기를 하지는 않습니다.

"1학년 1반 1등이 2학년 1반이 된대! 넌 2반이니까 2등인가 보다!" 하는 이야기를 한 번쯤은 들어보셨을 겁니다. 방침에 따라 다르겠지만 이러한 추측을 막기 위해 학교는 다양한 장치를 해둡니다. 내년도 반명을 '1반', '2반'이 아닌 '가반', '나반'으로 두기도 하고, 석차에 특정 숫자를 더해서 반을 가르기도 합니다. 아이의 생활 태도나 교우 관계 등을 다방면으로 고려하여 분반에 참고하니 성적(등수)과 분반은 크게 상관이 없습니다.

친한 친구와 일부러 떨어뜨려 놓는다?

특정 친구와 유독 친한 경우 선생님이 일부러 떨어뜨려 놓는다는 얘기도 들어보셨을 것입니다. "선생님, 저 이제 ○○이랑 별로 안 친해요. 그러니까 내년에 같은 반 돼도 돼요."라고 순수한 눈빛으로 말하는 아이도 있지요.

결론부터 말하자면 '단짝 친구'라고 해서 일부러 반을 떨어뜨려 놓지는 않습니다. 하지만 아이가 특정 친구와의 관계 때문에 학습이나 학교생활에 방해가 된다고 판단되는 경우 의도적으로 다른 반으로 배정하기도 합니다.

그렇다면 정말 불편한 친구가 있다고 선생님께 말씀드려도 될까요? 아이와 성향이 맞지 않아 잦은 트러블이 있는 친구가 있는데, 선생님께 고려를 부탁드려도 될지 고민하시는 경우가 종종 있습니다. 학급 내에서 문제가 잦았던 친구라면 담임선생님도 대부분 이를 고려하여 분반에 참조합니다. 그러나 학원이나 셔틀버스, 방과후학교 등 학급 외의 상황에서 빚어진 갈등관계의 경우에는 담임선생님도 인지하기가 어렵습니다. 지속적으로 어떤 아이와의 관계 때문에 우리 아이가 힘들어한다면 상담 기간에 말씀을 하시거나 분반 작업이 이루어지는 겨울 방학 전후로 담임선생님께 미리 말씀을 드려두는 것이 좋습니다.

담임선생님, 언제 알 수 있나요?

어떤 친구와 같은 반이 되는지, 몇 반이 되는지도 중요하지만 어떤 분이 담임선생님이 될지도 관심사입니다. 통지표가 배부되고 나면 아이들은 "가반인 사람?" "나반인 사람?" 하며 같은 반이 된 친구를 찾느라 정신이 없습니다. 친하게 지내던 친구와 같은 반이 되어 소리를 지르며 환호하는 아이도 있고, 친했던 친구와 헤어지게 되어 벌써부터 시무룩하거나 눈물을 글썽이는 아이도 있지요.

같은 반 구성원 가운데 가장 늦게 밝혀지는 사람이 '담임선생님'입니다. 담임선생님이 누구인지는 주로 시업식 날 아침에 공개됩니다. 학년말 방학 중에 학교 간 인사이동이 이루어지고 학교 내 교육 계획이 수립 확정되는지라 종업식 날 내년도 담임선생님이 공개되지 않는 것입니다.

겨울 방학, 어떻게 보내면 좋을까요?

공부 습관 잡아주기

여름 방학에 이어 겨울 방학이 시작되었습니다. 학년말 방학도 맞이하게 됐습니다. 겨울 방학? 학년 말 방학? 비슷한 시기에 두 번의 방학을 연거푸 맞이하다 보면 아이도 부모님도 혼동하기 쉽습니다. 겨울 방학은 주로 12월 말쯤 시작하여 약 한 달간 실시됩니다. 1월 초에 겨울 방학을 하고 3월 2일에 개학하는 경우도 있지만 12월에 겨울 방학을 하는 경우 1월 말부터 다시 학교를 가기 때문에 겨울 방학이 학년의 종결을 의미하지는 않습니다. 겨울 방학이 끝나고 2주 정도 등교를 하다가 다시 학년 말 방학을 맞이합니다. 학년말 방학은 '종업식'과 함께 이루어집니다. 1학년 생활을 마무리하고 2학년을 맞이하기 위해 아이도, 학교도 준비에 들어가는 것이지요. 이 시기에 1학년 생활이 정리되고 학생부가 마무리됩니다.

그렇다면 1학년을 마친 우리 아이, 방학 중에 무엇을 해야 할까요? 가장 중요한 것은 공부 습관을 잡아주는 것입니다. 사실 초등 저학년의 학습은 필기나 노트 정리보다는 아이가 생각하고 표현하는 것 위주입니다. 그렇다 보니 정리해야 할 학습 내용이 많지는 않습니다. 따라서 이 시기에 학습 습관을 잘 잡아주면 이후의 학습에 큰 도움이 됩니다.

규칙적으로 공부해요

적은 양이라도 정해진 시간에 매일 정해진 양을 해결할 수 있도록 도와주세요. 한 장으로 시작해서 두 장, 세 장으로 점점 늘려가면 아이도 자연스럽게 적응합니다. 이를 습관화하기 위해 스티커를 주는 등의 보상을 사용하기도 하는데요, 100일간 꾸준히 했을 때 만 원짜리 장난감을 사주기보다는 10일 동안 지켰을 때 천 원짜리를 살 수 있도록 보상하는 것이 더 큰 도움이 됩니다. 어느 정도 습관화되면 아이 스스로 정해진 시간에 주어진 과제를 해결하려고 하는 모습을 볼 수 있습니다.

자기 주도적으로 공부해요

자기 주도적으로 공부하는 습관은 초등학교뿐만 아니라 중·고등학교에 가서 많은 양을 정리하고 학습하는 데 도움이 됩니다. 초등학교 때는 자기가 해야 할 것을 찾아 공부하는 습관을 만들어주는 것이 중요합니다. 앞에서도 설명했듯이 자신이 부족한 것을 알고 그 부분에 대해 학습할 줄 아는 것을 메타인지라고 합니다. 메타인지 능력이 높은 아이들이 학업 성취도가 높다는 사실은 이미 알려져 있습니다. 초등 저학년 때는 '자신이 부족한 점을 찾아 공부하기'까지는 어렵더라도 스스로 할 수 있는 계획을 세우고, 그 목표를 달성할 수 있는 경험을 할 수 있게 해주어야 합니다. 이것이 자기 주도 학습의 밑거름이 됩니다. 예를 들어 일주일 동안 열 장의 학습지를 풀어야 한다면 매일 두 장씩 풀어나갈 계획을 세우는 등 작은 것에서부터 아이가 스스로 목표를 세우고 달성할 수 있도록 도와주십시오.

그날 배운 것은 그날 정리해요

하교해서 집에 온 아이에게 "오늘 학교에서 뭐 배웠어?"라고 묻는 부모님들이 많을 것입니다. 그날 배운 것을 말하는 아이도 있지만 많은 아이들이 "잘 모른다"거나 "그냥 놀았다"라고 대답할 것입니다. 초등학교 저학년이나 중학년에서는 학습 목표를 달성하기 위해 게임이나 놀이를 하는 경우가 많은데, 이때 '놀이의 승부'나 '놀이의 요소'에만 집중한 나머지 그 놀이를 하는 목적을 인지하지 못하는 것이지요. 예를 들어 우리 주변의 공공 기관을 알기 위해 수업 시간에 '메모리 게임'을 했는데, 아이는 '메모리 게임' 자체만 기억하는 것입니다. 게다가 시간이 지나면서 오전에 학습한 내용을 잊어버리는 아이도 많습니다.

초등학교의 학습 내용은 많지 않기 때문에 '그 시간에 무엇을 했는지'만 알고 넘어가도 학습 결손은 생기지 않습니다. 학습한 내용을 복습하는 습관을 기르는 데도 좋습니다. 이 때문에 중학년 이상의 담임선생님의 경우에는 '그날 배운 것을 한 줄로 정리하기' 등의 과제를 주기도 합니다.

아이가 집에 오면 오늘 배운 것 중에 기억에 남는 것 한두 가지만 이야기해 보도록 해주세요. 아이의 메타인지를 향상시키고 올바른 학습 습관을 형성하는 데 도움이 되는 습관이니까요.

읽기 능력 확인하기

한글 습득이 느리던 아이들도 입학 후 1년이 지나면 몰라보게 성장합니다. 2학년 진급을 앞두고 아이의 읽기 능력을 점검해 둘 필요가 있습니다. 아직까지 글씨를 더듬더듬 읽거나 읽는 데 급급하여 내용 파악하는 것을 어려워한다면 겨울 방학을 이용해 '읽기'에 더 익숙해지도록 해주어야 합니다.

국어 교과서를 읽어 보아요

가장 좋은 방법은 방학을 이용해 국어 교과서를 다시 한 번 읽어 보는 것입니다. 엄마는 엄마대로 1년 동안 아이가 무엇을 배웠는지 확인하고, 아이는 아이대로 자신이 배운 것을 다시 한 번 돌이켜 볼 수 있는 좋은 시간이 될 것입니다. 이때 속으로 읽으며 확인하는 것도 좋지만 소리 내어 읽어볼 수 있는 기회를 주는 것도 좋습니다. 학교에서는 '대표로 읽기', '돌아가며 한 문장씩 읽기' 등의 방법으로 친구들 앞에서 책을 읽는 경우가 많기 때문입니다.

· 2학년 추천 도서 ·

교과서 수록 도서 목록		
도서명	지은이	출판사
윤동주 시집	윤동주	밀리언셀러
어린이가 정말 알아야 할 우리 전래 동요	신현득	현암사
나무는 즐거워	이기철	비룡소
김용택 선생님이 챙겨 주신 1학년 책가방 동화	김용택	파랑새
바람 부는 날	정순희	비룡소
신발 신은 강아지	고상미	스콜라
산새알 물새알	박목월	푸른책들
유치원 인기 동요 BEST 50	최나미 오	웅진주니어
호주머니 속 알사탕	이송현	문학과지성사
호박꽃 초롱	강소천	재미마주
콩이네 옆집이 수상하다	천효정	문학동네
거인의 정원	오스카 와일드	베틀북
불가사리를 기억해	유영소	사계절출판사
나무들이 재잘거리는 숲 이야기	김남길	풀과바람
팥죽할멈과 호랑이	서정오	보리
원숭이 오누이	채인선	한림출판
엄마를 잠깐 잃어버렸어요	크리스 흐튼	보림출판

교과 연계 도서 목록		
도서명	지은이	출판사
내 친구의 좋은 점	하루	도깨비달밤
이사도라 문, 캠핑을 떠나다	해리엇 먼캐스터	을파소
새로운 보금자리 - 세상에서 가장 꼬리가 긴 마르쉬 이야기 1	벵자맹 쇼	여유당
신나는 정글 학교 - 세상에서 가장 꼬리가 긴 마르쉬 이야기 2	벵자맹 쇼	여유당
뜻밖의 도시 탐험 - 세상에서 가장 꼬리가 긴 마르쉬 이야기 3	벵자맹 쇼	여유당
젓가락 도사의 후예	박혜숙	머스트비
내일의 동물원	에릭바튀	봄볕

도서명	지은이	출판사
고양이 속눈썹까지 세는 수학 공주를 아세요? - 엉뚱발랄 수학 모험 동화	임기린	우리학교
티보르와 너저분 벌레	노에미 파바르	소원나무
산타 할아버지가 우리 집에 못 오신 일곱 가지 이유	채인선	논장
꽁꽁산: 소보로별 이야기	정옥	샘터사
산책	다니엘 살미에리	북극곰
장갑	안드리 레시프, 로마나 로머니신	책빛
탈출! 아무거나	함영연	머스트비
열매 하나	전현정	파란자전거
내가 노벨상을 탔어요	나카오 마사토시	도깨비달밤
책벌레 이도	정하섭	우주나무
토토, 최고의 비행사가 되다 - 항공모함에 오른 꼬마 비행사	패트리샤 뉴먼	썬더키즈
꼬마 너구리 요요	이반디	창비
꿀오소리 이야기	쁘띠삐에	씨드북
사자와 소년	김성진	스콜라
딩동~ 상어 도감	김병직	지성사
이상한 아이 옆에 또 이상한 아이 - 떠드는 아이들 2	송미경	스콜라
냉장고가 멈춘 날	강민경	스콜라
여기 꽃이 있어요	안단테	우주나무
숲에는 길이 많아요	박경화	창비
메두사 엄마	키티 크라우더	논장
고양이야, 어디로 가니?	홍찬주	스콜라
곰팡이 수지 - 곰팡이의 거의 모든 것	레오노라 라이틀	스콜라
거인의 목걸이	마이클 모퍼고	미래아이
꼬마 여우	니콜라 구니	여유당
오찍이	정은정	파란자전거
우리는 언제나 책을 읽을 수 있어요	헬레인 베커	썬더키즈
나 책이야	정하섭	우주나무
가난한 사람은 왜 생길까요? - 처음 이야기해 보는 세계의 빈곤 문제	질리안 로버츠, 제이미 캐샙	현암주니어
아빠, 내가 옆에 있을게요	카즈	도깨비달밤

도서명	지은이	출판사
구멍을 주웠어	켈리 캔비	소원나무
도란도란 옛이야기 속으로 대동야승 그림책 세트	박연경 외	머스트비
장고를 부탁해!	홍민정	머스트비
왓투	이미성	북극곰
지각 대장 샘	이루리	북극곰
우리는 유쾌 상쾌 통쾌	박수현	머스트비
나, 생일 바꿀래!	신채연	현암주니어
내 이름은 십민준 열민준 이민준	이송현	스콜라
고양이 나무	오사다 히로시	꿈교출판사
쑥쑥	로리 켈러	북극곰
아이스크림 걸음!	박종진	소원나무
어진 선비 이언적을 찾아서	차영미	머스트비
한밤의 철새 통신 - 일 년에 딱 두 번 만나는 기이한 방송	전현정	파란자전거
프랑스가 사랑한 세계에서 가장 아름다운 10가지 그림	소피 크레퐁	보랏빛소
킁킁 가게 - 제39회 샘터 동화상 당선작	김윤화	샘터사
어린이를 위한 마음공부	이주윤	보랏빛소
모아비 - 세상에서 가장 오래된 나무	미카엘 엘 파티	머스트비
이파리로 그릴까	이보너 라세트	시금치
조막만 한 조막이	이현	휴먼어린이
나무늘보야, 어디 가?	오무리 도모코	시금치
행복한 가방	김정민	북극곰
꽃이 피었습니다	김효정	파란자전거
색을 상상해 볼래?	디토리	북극곰
쩌저적	이서우	북극곰
빛나는 아이	자바카 스텝토	스콜라
네가 처음	정하섭	우주나무
신비한 만남 - 내가 세상에 오기까지…	상드렝 보	옐로스톤
벽	박채란	꿈교출판사
책 - 몰입, 상상, 소통을 노래하는 글 없는 그림책	마리예 톨만, 로날트 톨만	여유당
마법사 안젤라, 그레이몬스터를 도와줘! - 3단계	김우정	파란자전거
삶은 달걀	이루리	북극곰

도서명	지은이	출판사
잃어버린 갯벌 새만금	우현옥	미래아이
돼지꿈	김성미	북극곰
자연이 가득한 계절 밥상	곽영미	숨쉬는책공장
머리가 좋아지는 그림책 : 상상력	우리누리	길벗스쿨
쉬피옹과 멋진 친구들	프랑수아 모몽	여유당
손 큰 통 큰 김만덕	정하섭	우주나무
팥죽 할멈과 팥빙수	곽영미	숨쉬는책공장
반짝이고양이와 꼬랑내생쥐	안드레아스 슈타인회펠	여유당
봄이다 - 봄을 부르는 그림책	정하섭	우주나무
황소고집 이순신	정하섭	우주나무
새들의 눈에는 유리창이 보이지 않아요! - 동물들이 살 수 있는 환경 만들기	시그문드 브라우어	책속물고기
침팬지는 낚시꾼 - 과학 그림책	김희수	산지니
수원화성	우현옥	미래아이
뽀뽀는 무슨 색일까? - 색깔을 통해 감정을 배우는 감성 그림책	로시오 보니야	옐로스톤
내 입은 펑 터지는 화산인가 봐!	줄리아 쿡	스콜라
대신 사과하는 로봇 처음 사과하는 아이	코스타스 하랄라스	책속물고기

읽기 능력을 향상시켜요

 읽기 능력은 하루아침에 향상되기보다는 꾸준한 읽기를 통해 매일 조금씩 나아집니다. 엄마와 아이가 한 문장씩 번갈아 가며 소리 내어 읽는 것도 한 방법입니다. 이때도 그냥 읽기보다는 마치 연기를 하듯 실감나게 읽을수록 아이의 흥미가 높아지겠지요. 읽는 것을 넘어 좋아하는 문구를 필사하며 읽는 것도 효과적입니다. 이 과정에서 글씨를 바르게 쓰는 연습도 할 수 있습니다.
 중요하다고 생각하는 단어를 별도의 공책에 기록하며 읽는 것도 추천합니다. 이렇게 하면 핵심 단어를 뽑는 능력도 기를 수 있고, 단어의 뜻도 정확하게 알 수 있습니다. 독후 활동을 통해 독서에 흥미를 갖는 것도 방법입니다. 독후 활동은 책을 읽고 할 수 있는 신나고 즐거운 경험입니다. 독후 활동을 통해 책에 대한 흥미를 높이는 것은 물론 읽기 능력까지 향상시킬 수 있습니다.

연산 능력 확인하기

초등 1,2학년 수학은 연산이 많은 부분을 차지합니다. 여기서의 연산은 단순히 기계적으로 받아올림이나 받아내림을 하고 방법을 기억해서 해결하는 연산이 아니라 정확한 수 개념을 바탕으로 원리를 이해하는 연산을 의미합니다. 정확한 수 개념을 가지고 연산을 해야 자릿수가 확장되고, 방법이 달라져

· 15-6 계산하기 ·

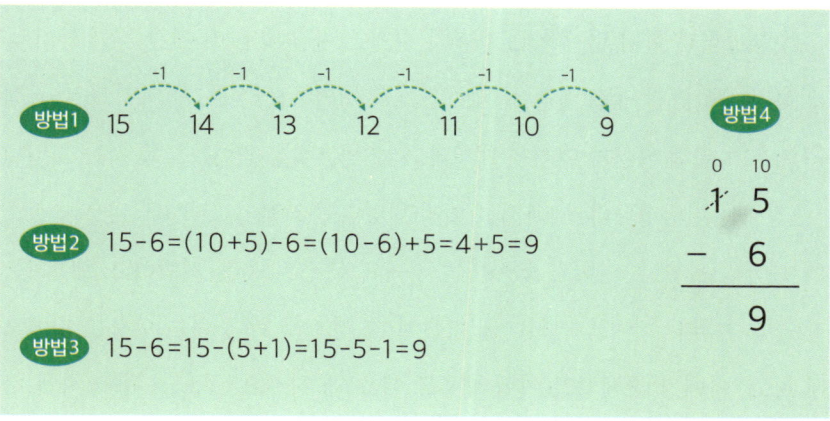

도 어렵지 않게 이해하고 적용할 수 있습니다. 앞 페이지에 나오는 예시를 보겠습니다.

비교적 간단한 방법이라고 생각되는 4번째 방법으로 주로 연산을 하는 아이는 그 의미를 모른 채 기계적으로 수를 쓰는 데 급급해질 수 있습니다. 예를 들면 '1을 지우고 1보다 하나 작은 수를 작은 글씨로 그 위에 작게 쓰고 옆에는 10을 쓴다'라는 식으로 외우는 것이지요. 이는 정확한 수 개념을 바탕으로 한 것이 아니기에 다양한 연산으로의 확장이 어려워집니다. (두 자리)-(한 자리)의 연산을 자유롭게 하는 아이에게 (세 자리)-(두 자리)를 설명해 보도록 하세요. 수 모형을 이용해 설명한다면 원리를 잘 이해하고 있다고 판단해도 됩니다.

아이 주도 체험 학습 떠나기

겨울 방학과 학기 말 방학은 유난히 길게 느껴집니다. 이 기간 동안 학기 중에 하기 힘들었던 체험 활동을 해보는 것은 어떨까요? 아이의 자기 주도 능력을 키우기 위해 아이가 여행을 계획하고 그 필요성을 찾아보도록 하는 것입니다. 장소는 다양합니다. 교과서를 미리 받았다면 2학년 교과서에 나오는 장소를 선택해도 좋고, 아이가 좋아하는 과목과 관련된 곳을 체험하고 탐방하는 것도 좋습니다. 책이나 인터넷을 이용해 그 장소에 가야 하는 이유를 찾아보게 하고, 아이가 구체적인 여행 계획도 짜 보게 하세요. 부모님 계획 하에 다

· 아이 주도 체험 학습 예시 ·

여행 장소	경주	
여행 장소 선택 이유	신라 시대 유물을 보고 싶어서	
여행 기간	년 월 일 ~ 월 일	
	1일차	2일차
장소1		
장소명		
위치		
가야 하는 이유		
꼭 보거나 해야 할 것		
장소2		
장소명		
위치		
가야 하는 이유		
꼭 보거나 해야 할 것		

니던 그동안의 체험보다 훨씬 더 많은 것을 얻을 수 있을 것입니다.

이렇게 하여 3월부터 이어진 1학년 생활이 모두 끝났습니다. 1년 동안 우리 아이들은 몸도 커졌지만 마음도 훌쩍 자랐지요. 낯설고 두렵기만 했던 학교생활도 어느덧 자연스러워졌답니다.

이제 우리 아이들은 2학년이 됩니다. 1학년 때는 걱정과 두려움이 컸다면 이제는 설렘 가득한 마음과 반짝이는 눈으로 새로운 선생님과 친구들을 만나고 자신의 세계를 매일매일 넓혀 나가겠지요.

지난 1년간 마음 졸이며 걱정했을 부모님들께 감사 인사를 드립니다. 선생님을 믿고 따라와 준 우리 아이들에게는 칭찬을 보냅니다. 일 년 간 저희를 바라봐 준 아이들과 부모님들의 눈빛을 잊지 않겠습니다.

"얘들아, 너희의 매일매일이 행복하길 바랄게."

이것만은 알아두세요!

선배 맘이 알려준다!
학교와 유치원의 다른 점 BEST 10

 1. 무소식이 희소식입니다

원에 따라 다르겠지만 유치원 때는 적어도 일주일에 한두 번은 개인 사진과 우리 아이에 대한 피드백이 올라오고, 선생님께서 수시로 상담 전화를 하셨습니다. 하지만 초등학교 입학 후에는 학교에서 전화가 걸려오면 가슴이 두근두근합니다. 주로 우리 아이에게 문제가 생겼거나 어려움을 겪고 있을 때 전화가 오는 경우가 많기 때문이지요. 담임선생님께 별다른 전화가 없다면 우리 아이가 비교적 잘 지내고 있다고 믿으셔도 됩니다. 학부모님이 담임선생님과 상담을 원할 때 먼저 상담을 요청하는 것도 가능하고요.

 2. 하교 시간이 빨라져요

4교시를 마친 뒤 급식을 먹고 하교하는 날은 보통 12시 50분, 5교시를 마치고 하교하는 날은 1시 40분 정도에 집에 옵니다. 코로나19로 인해 수업 후 급식을 먹지 않는 아이도 있다 보니 더 빨리 하교하기도 합니다. 아이를 등교시킨 뒤 설거지하고, 청소하고, 아이가 벗어놓은 잠옷 좀 정리하고 돌아서면 금세 하교 시간이 되어 있지요. 길어진 오후 시간을 알차게 보낼 계획을 미리 세워두는 것도 좋은 방법일 듯합니다.

 ### 3. 자동차를 통한 등하교는 지양해 주세요

지역에 따라 다르겠지만 학구가 넓어 아이가 10분 이상을 걸어서 등교해야 하는 상황이 생길 수 있습니다. 이런 경우 부모님께서 차량을 이용해 아이를 직접 태워다 주고 싶으실 텐데요. 걸어서 등교하는 아이들이 많은 학교 앞에 자동차가 왔다 갔다 하는 것은 위험합니다. 가능하면 차량을 통한 등하교는 지양하고, 신나게 걸어서 등교할 수 있도록 도와주세요. 우리 아이들은 이제 어엿한 초등학생이니까요.

 ### 4. 학급당 인원수가 많아집니다

입학식 날 강당에 붙어 있는 분반표에서 우리 아이 이름을 찾다가 학급당 인원 수를 보고 새삼 놀랐던 기억이 납니다. 유치원에 다닐 때는 한 반에 열다섯 명에서 많아야 스무 명 정도였는데 학교에 입학하니 한 반에 서른 명이나 되는 친구들이 있더라고요. 살짝 걱정되기도 했지만 그만큼 친구가 많아진다는 장점도 있습니다.

 ### 5. 단 5분 지각도 지각이에요

유치원에 다닐 때는 아이가 피곤해하는 날은 10분 더 재운 다음 천천히 등원시키기도 하고, 가기 싫다고 하는 날은 원에 전화를 걸어 양해를 구하고 가정 보육을 하기도 했습니다. 감기 기운이 있는 날은 병원에 갔다가 등원시키기도 하고, 학원 특강이 있는 날은 수시로 일찍 하원시켜 학원에 보내기도 했고요. 하지만 초등학교는 이런 출결 관련 사항들이 무단 지각, 질병 지각, 질병 조퇴 등으로 모두 생활기록부에 남습니다. 생활기록부를 확인할 일이 거의 없기는 하지만 아이의 공식적인 기록인 만큼 마음 한구석이 찜찜한 건 사실이에요.

 6. 급식 시간이 달라요

아이를 학교에 보내면서 가장 걱정했던 부분 가운데 하나가 급식 시간이었습니다. 유아 식판이 아닌 일반 식판에, 손가락을 끼우는 젓가락이 아닌 일반 젓가락으로 1학년부터 6학년이 모두 같은 급식을 먹는다고 하니 걱정하지 않을 수가 없었지요. 다행히 아이는 생각보다 빨리 적응했고, 우려와 달리 급식이 맛있어서 학교에 간다는 말을 자주 합니다. 집에서 혼자였더라면 어려웠을 일을 친구들과 함께 경험하며 자신이 생긴 듯합니다. 하지만 저희 아이는 아직도 젓가락질을 조금 어려워합니다. 예비 1학년 친구들은 미리 연습하고 입학하면 더 좋을 것 같아요.

 7. 평가, 조금은 부담스러워요

유치원에 다닐 때는 공식적인 지필 평가가 없었지요. 하지만 학교에서는 (예전보다 부담이 줄어들었다고는 하지만) 지필 평가를 실시하는 곳도 있습니다. 물론 예전처럼 '수우미양가' 형태로 생활기록부에 남지는 않지만 신경이 쓰이는 것은 사실입니다. 제 경우 단원 평가가 공지되면 아이와 함께 교과서 문제를 한 번 더 풀어 본다거나 문제집을 푸는 식으로 대비하고 있습니다. 혹시 너무 많이 틀리면 아이의 자존감이 다칠 것 같아서요.

 8. 방학이 훨씬 길어요

국공립 유치원을 다닌 친구들은 이미 겪어 보았겠지만 사립 유치원이나 어린이집을 졸업한 친구들에게는 '긴' 방학이 생소할 것입니다. 부모님께서도 마찬가지일 테지요. 기간이 길어져서 힘들겠다고만 생각하지 마시고 장점도 함께 봐주세요. 평소에 할 수 없었던 체험 활동, 이를 테면 박물관 탐방이나 역사 탐방, 과학관 체험을 하고 독서 활동을 할 수 있는 소중한 시간이니까요. 줄넘기나 수영, 한자, 연산 등의 목표를 세우고 달성하기에도 좋은 기회랍니다. 맞벌이 가정에서는 돌봄교실이나 기관에서 운영하는 방학 특강을 이용해 보는 것도 좋은 방법입니다.

9. 아이와의 약속을 지켜주세요

1학년은 방과후학교나 돌봄교실로 학교에 남지 않는 이상 반 친구들과 다함께 하교하여 교문에서 부모님과 만납니다. 그런데 이때 약속된 하교 시간에 부모님이 오시지 않아 아이 혼자 교문 앞에 남는 경우가 종종 있습니다. 담임선생님이 함께 있어 주지만 친구들은 다 집으로 갔는데 나만 부모님이 오지 않았다는 생각에 아이는 크게 속상해합니다. 학교라는 낯선 환경에서 이러한 상황이 반복되면 아이가 상처를 받을 수 있습니다. 어린이집에서는 10분, 20분 정도는 추가 보육이 가능했고 아이도 더 놀다 간다고 생각했겠지만 학교는 그렇지 않은 탓에 남겨졌다고 생각하게 됩니다. 그러니 아이와의 약속을 꼭 지켜주세요

10. 보육 중심이 아닌 교육 중심입니다

시간에 맞춰 약을 먹여 주고 화장실에서 뒤처리까지 도와주시던 어린이집과는 달리 학교는 보육보다는 교육이 중심이 되는 곳입니다. 물론 담임선생님께 말씀드리면 기꺼이 도와주시지만 이제 아이가 스스로 할 수 있도록 주지시켜 줄 필요가 있습니다. 시간 맞춰 약 먹기, 배변 후 뒤처리하기, 자신이 벗은 옷 정리하기 등 아이 스스로 할 수 있는 기회를 주고, 연습할 수 있도록 해주어야 합니다. 홀로서기는 물론 자존감 발달에도 도움이 됩니다.

우리 아이,
얼마나 할 수 있나요?

학교생활 적응을 위한 입학 전 체크리스트

아이들의 학교생활 중 유치원과 달라지는 가장 큰 한 가지는 '스스로 해야 할 것'이 늘어난다는 점입니다. 학교는 유치원에 비해 비교적 학급당 인원이 많기도 하지만 '보육'의 비중이 현저하게 줄어들고 '교육'의 비중이 대부분을 차지합니다. 그렇다 보니 '스스로'의 역할이 중요합니다. 입학 전 아이가 스스로 할 수 있는지 체크해 두면 좋은 항목들을 정리했습니다.

물론 리스트에 있는 것들을 하지 못한다고 해서 우리 아이가 학교생활을 원만하게 할 수 없다는 뜻은 아닙니다. 다만 아이가 어려울 때 누군가에게 자주 부탁을 하거나 도움을 요청하며 학교생활을 힘들어할 수 있고, 위생이나 균형 잡힌 성장 면에서 어려움이 있을 수 있을 수 있기에 체크해 두려는 것입니다.

• 입학 전 체크리스트 •

		도움이 없어도 할 수 있다	도움이 있으면 할 수 있다	도움을 주어도 하기 어렵다	하지 못한다 (하기 싫어한다)
생활 습관	스스로 신발을 신고 벗을 수 있나요?				
	혼자서 외투를 입고 벗을 수 있나요?				
	외투를 벗어 의자 뒤에 걸거나 반듯하게 접어 사물함에 넣을 수 있나요?				
	가방의 지퍼 또는 단추를 스스로 여닫을 수 있나요?				
위생 습관	스스로 비누를 사용하여 손을 씻을 수 있나요?				
	스스로 양치를 할 수 있나요?				
	소변 및 대변 후 스스로 뒤처리를 할 수 있나요?				
	용변을 본 뒤 변기 물을 내리고 손을 씻는 습관을 가지고 있나요?				
식사 습관	성인용 스테인리스 젓가락으로 반찬을 집을 수 있나요?				
	물에 씻은 정도의 매운 음식을 조금이라도 먹을 수 있나요?				
	식사가 끝날 때까지 자리에 앉아 바른 자세를 유지할 수 있나요?				
소근육 발달	손바닥 정도 크기의 원을 가위로 오릴 수 있나요?				
	색종이로 네모 또는 세모를 접을 수 있나요?				
	자를 따라 똑바로 직선을 그을 수 있나요?				
	우유갑을 열고 닫을 수 있나요?				
학습 습관 및 준비	해야 할 과제를 (적은 양이라도) 규칙적으로 하는 편인가요?				
	20분 이상 의자에 앉아 집중하는 것이 어렵지 않은 편인가요?				
	책에서 '15쪽'을 찾아 펼 수 있나요?				

어른들의 눈에는 당연한 것들이지만 아이에게는 '적응'을 위한 중요한 항목들이니 눈여겨볼 필요가 있습니다. 단, 이 표를 아이에게 보여주며 "학교에 가면 이런 것들 혼자서 다해야 한대. 우리 ○○가 혼자 할 수 있는 것은 무엇인제 체크해 봐."라고 하지는 말아 주세요. 학교생활에 대한 아이의 두려움이 더 커질 수 있습니다.

생활 습관, 위생 관념, 식사 습관 점검하기

외투를 벗어 차곡차곡 개어 사물함에 넣거나 의자 뒤에 반듯하게 걸기. 성인에게는 쉽고 당연한 일이 아이에는 어려울 수 있습니다. 가끔 스스로 단추나 지퍼를 채우지 못해 외투를 입고 벗지 못하는 아이를 봅니다. 이 경우 다른 친구에게 '도움이 필요한 친구'라는 이미지를 심어주어 아이가 자칫 위축될 수 있습니다. 옷과 신발은 스스로 신고 벗고 정리할 수 있게 집에서 연습을 통해 알려주시는 것이 좋습니다. 이렇게 하면 단정한 습관을 들이고 자존감을 형성하는 데도 좋습니다.

아이의 학교생활을 이해할 때 염두에 두면 좋은 점 중 하나는, 학교는 8~13세의 아이들이 함께 생활하는 곳이라는 사실입니다. 높이가 조금씩 다르긴 하지만 책상이나 의자의 형태도 6학년과 1학년이 동일하고, 사물함도 같은 크기와 형태의 것을 사용합니다. 1학년 학생들이 쓰는 화장실만 리모델링한 학교도 가끔 있지만 대부분의 초등학교는 화장실 변기나 세면대 높이 역시 6학년과

1학년이 동일한 것을 사용합니다. 따라서 어린이 세면대가 아닌 곳에서 옷이 젖지 않게 스스로 손을 씻을 수 있는 스킬이 필요합니다. 더불어 어린이 변기가 아닌 일반 변기에서 용변을 보고 스스로 뒤처리를 할 수 있어야 민망한 상황이 발생하지 않습니다.

많은 것이 달라지겠지만, 유치원과 초등학교의 가장 다른 점을 꼽으라면 식사 시간일 것입니다. 성인과 동일한 사이즈의 식판에, 숟가락과 젓가락 역시 성인의 것과 같습니다. 가정에서 유아 식기만 사용하던 아이라면 당황할 수밖에 없습니다. 그러니 미리미리 성인용 젓가락 사용법을 익혀둘 필요가 있습니다. 메뉴 역시 많은 변화가 있습니다. 대부분의 경우 6학년 아이들과 1학년 아이들이 같은 메뉴를 먹습니다. 이로 인해 매운 것을 먹지 못하는 아이가 밥만 먹고 하교하는 경우도 생기지요. 입학 예정 학교 홈페이지에 들어가면 해당 학교의 식단을 확인할 수 있습니다. 이를 확인하여 매운 맛에도 조금은 익숙해지게 해주어야 아이가 다양한 반찬을 시도할 수 있습니다.

소근육 발달 & 학습 습관 들이기

초등학교 저학년의 수업은 활동 중심으로 이루어지기 때문에 오리고 만들고 붙이는 데 많은 시간이 할애됩니다. 그래서 소근육 발달이 늦거나 이에 자신이 없는 아이들은 이 시간을 매우 힘들어합니다. 직선 및 곡선 긋기, 선 따라 자르기, 풀칠하기 등을 아이가 스스로 할 수 있는지 미리 확인해 주세요.

그래야 아이가 더 즐거운 수업 시간을 보낼 수 있습니다.

   또한 초등학교 저학년 학습은 주로 '학습하는 방법'을 익히고 '학습 습관'을 기르는 데 중점을 둡니다. 수업 시간에 바른 자세로 앉기, 손을 들고 발언권을 얻어 발표하기, 규칙적으로 독서하기 등을 약속하지요. 수업 시간 40분 중 20분 이상을 앉아서 집중할 수 있는 엉덩이 힘을 가진 아이라면 수업 시간을 즐겁게 보낼 수 있을 것입니다.

워킹맘을 위한 꿀팁

휴직이나 퇴사를 하지 않아도 되는 이유

부모님들이 휴직 고민을 가장 많이 하는 시기가 아이의 초등 입학 때라고 합니다. 어린이집은 부모님이 출근해서 퇴근할 때까지 아이를 한 공간에서 돌봐주지만 학교는 그렇지 않습니다. 수업 후 장소를 이동해서 돌봄이 이루어지고, 돌봄도 원한다고 해서 다 할 수 있는 게 아닌지라 따로 학원이나 공부방 스케줄을 짜서 이동시켜야 하기 때문입니다. 이 때문에 미취학 시절보다 초등 1학년 아이를 키우는 게 더 어렵다고 말씀하시는 분들도 많습니다. 그렇다고 이를 위해 도우미를 쓰기는 애매하고, 주변에 가까운 친인척이나 부모님이 살고 계시지 않은 이상 부탁하기도 어려운 것이 사실입니다. 첫 사회생활을 시작한 아이를 위해 반모임을 통해 친구를 사귀게 해주어야 하는 건 아닌가 하는 고민도 크지요.

그러나 새로운 환경에 대한 적응, 기초 학습 및 기본 생활습관 형성을 위해 부모님이 적극적으로 개입하여 도움을 주고자 하는 휴직이 아니라면 권하지 않습니다. 물론 엄마 아빠가 아이 옆에서 지속적인 관심과 도움을 주면 아이에겐 큰 힘이 될 것입니다. 그러나 부모님과 아이의 신뢰 관계가 잘 형성되어 있다면 매일 엄마 아빠가 교문 앞에서 기다리지 않아도 아이는 잘 적응해 나갈 것입니다. 우리 아이들은 부모님들이 생각하는 것 이상으로 적응력이 뛰어나고 씩씩한 존재이니 걱정하지 마십시오.

연차 휴가를 쓰면 좋을 학교 행사

신입생 예비 소집일과 학부모 상담일은 퇴근 후 저녁에 학교에 방문해도 됩니다. 하지만 입학식과 학부모 총회는 낮에 이루어지기 때문에 이 두 행사일에는 휴가를 쓰는 것이 좋습니다. 입학식은 강당이나 교실에서 실시되고 1시간 남짓 행사 후 아이와 함께 집으로 갑니다.

학부모 총회일에는 대개 같은 날 시간만 달리하여 공개 수업, 담임의 학급 경영 방침, 학교 경영 및 행사, 연간 일정 안내까지 이루어집니다. 학교에 대한 전반적인 정보를 얻을 수 있는 날인 만큼 가능하면 참석해 주시기를 권합니다. 물론 코로나19 상황에 따라 진행 방법이 달라질 수 있습니다. 그러니 학교에서 보내드리는 안내를 잘 살피셔서 휴가 여부를 결정하시면 됩니다.

코로나19로 인해 많은 사람이 모이는 자리를 꺼리시는 부모님들도 많고, 학교 역시 많은 학부모가 모이는 행사는 실시하지 않거나 어린이들만 참여하는 행사로 축소하고 있습니다. 운동회나 학예회 등의 날에는 굳이 학부모님께서 휴가를 내지 않으셔도 됩니다.

바쁘더라도 집에서 이것만은 꼭!

워킹맘은 육아에, 가사에, 회사 업무까지 신경 쓸 일이 정말 많습니다. 하지만 아무리 힘들고 바쁜 생활 속에서도 첫 번째가 '내 아이'라는 사실은 변함없을 것입니다. 그러니 힘들고 바쁘시더라도 아이가 학교생활에 적응하여 스스로 챙기는 것이 습관화될 때까지는 아래의 네 가지는 꼭 함께해 주시길 당부 드립니다.

가방에서 알림장 또는 가정통신문 꺼내 확인하기

보통의 아이들은 엄마가 함께하지 않으면 필요성을 느끼지 못하거나 다른 관심사에 정신이 팔려 스스로 가방을 열어보는 일이 거의 없습니다. 뒤늦게 확인했을 땐 가방 안에 날짜가 한참 지난 가정통신문, 수업 시간에 그리거나 만든 작품, 꾸깃꾸깃한 학습지 등이 들어 있을 수 있습니다. 가방 청소는 물론 알림장을 함께 확인하여 준비물을 놓치지 않게 도와주시고, 청결의 필요성도 일러주십시오.

숙제 확인하고 잘 모르는 거 알려주기

요즘은 학교에서 숙제를 많이 내주지도 않거니와 내주더라도 대부분 아이 스스로 할 수 있는 수준입니다. 따라서 부모님께서는 숙제할 시간을 주고 끝낸 뒤 함께 검토하는 수준에서 도와주시면 됩니다. 그런데 평일에 공부를 봐주다 보면 해야 할 게 많으니 본의 아니게 시간에 쫓겨 다그치게 됩니다. 결국 좋은 마음으로 시작한 일이었는데 아이는 상처만 받고 엄마는 화가 잔뜩 난 채 끝이 나지요. 그러니 아이의 학습을 도와줄 땐 당장 내일 제출해야 하는 숙제가 아닌 이상 시간이 느긋한 주말을 이용해 봐주시기를 당부 드립니다. 이와 함께 기초 다지기가 중요한 수학 과목은 반드시 짚어 주십시오. 수학 익힘책을 풀어보게 하거나 문제집 한두 쪽을 풀어보게 하면 아이 실력을 가늠할 수 있습니다. 아이가 어려워하는 한두 문제만 함께 풀어주면서 개념을 이해할 수 있도록 도와주시면 됩니다.

단 10분이라도 일정 시간 정해서 책 읽어주기

초등학교 공부는 독서 실력과 학습 태도가 전부입니다. 그러니 하루 10분이라도 부모님께서 책을 읽어주시고 아이가 책에 대한 관심과 읽는 습관을 가질 수 있도록 해주십시오. 책 읽어주기는 4학년까지도 효과가 큽니다.

학교생활과 관련된 대화 한두 마디라도 꼭 하기

아이 생활의 대부분은 가정과 학교에서 이루어집니다. 그러니 학교에서 있었던 일을 한두 마디라도 꼭 나누시어 아이가 학교생활에 재미를 가지고 적응할 수 있게 도와주십시오. 꾸준히 묻고 대화를 나누다 보면 일상적이지 않은 일이 생겼을 때 빠른 파악이 가능합니다. 혹시 상처받은 일이 있었던 경우 관련 단어 하나만으로도 아이가 눈물을 흘리거나 회피할 수 있습니다. 이런 부분들을 잘 캐치하시어 적절한 조치를 취해 주십시오.

휴대전화 독일까, 득일까?

워킹맘의 자녀는 휴대전화가 필수입니다. 등교 시간부터 하교 후 방과후학교나 학원을 거쳐 집에 올 때까지 엄마의 관심은 오직 아이의 움직임에 있을 것입니다. 그렇다 보니 휴대전화를 사줄 수밖에 없는데요. 중독성이 강한 스마트폰에 가급적 늦게 노출시키기 위해 저학년 때는 키즈폰이나 2G폰을 사주는 경우가 많습니다. 그러다 고학년이 되면 스마트폰으로 바꿔주지요. 게임이나 인터넷 유해물로부터 보호하기 위한 조치도, 유튜브 설정이나 데이터 요금제 설정 등을 통해 아이가 스마트폰에 중독되는 것을 막을 수 있습니다. 이를 활용하여 정보화 시대의 이점을 누리되 현명한 유저가 될 수 있게 도와주시면 좋겠습니다.

슬기로운 전학의 기술

전학 절차는 어떻게 되나요?

초등학교의 경우 별다른 이유가 없는 한 입학한 학교에 다니며 졸업을 맞이합니다. 하지만 부모님의 발령이나 이사, 이민 등으로 부득이하게 전학을 해야 하는 상황이 생기지요. 그렇다면 전학 절차는 어떻게 되는지, 시기를 조절할 수 있다면 언제가 좋은지 등을 알려드리겠습니다.

전학을 계획하고 있다면 적어도 2주 전에는 담임선생님께 알리는 것이 좋습니다. 간혹 '전학 가는 아이라고 소홀히 하시면 어쩌지?' 하는 마음에 날짜가 거의 임박해서 알리시는 부모님들이 있습니다. 이 경우 담임이 관련 서류를 준비할 시간이 부족해 서류 전송이 지연되는 것은 물론 아이가 자기 짐을 챙길 시간, 친구들과 마무리할 시간을 충분히 갖지 못해 전학 후에도 아쉬움이 남을 수 있습니다.

게다가 전학은 단순히 가족이나 개인의 문제가 아닙니다. 우리 학교에서 다른 학교로 아이를 보내는 공적인 일입니다. 아이에게 "선생님께 다음 주에 전학 간다고 말씀드려."라고만 전달하고 마무리한다면 담임 입장에서는 구체적인 내용을 파악하기가 힘듭니다. 전학 절차 안내 및 전입교 확인 등을 위해서라도 학부모님께서 담임선생님께 직접 전학 사실을 알리시는 것이 좋습니다.

일반적으로 전학 시에 학부모가 이 학교에서 저 학교로 옮겨야 하는 서류는 없습니다. 생활기록부나 건강기록부 등 아이의 학교생활 관련 서류는 나이스 시스템에서 자동으로 이관됩니다. 전출교의 담임선생님께 전출 사실을 알린 뒤 전입하는 동네의 주민센터에 전입신고를 하고 주소가 이전됐다는 것을 증명할 수 있는 서류(주민등록등본 등)를 발부받아 전입교에 제출하면 전학 절차는 마무리됩니다. 그리고 전입교에서 전입 서류를 작성하면 학교 사정에 따라 분반이 이루어집니다.

전학 시기, 언제가 좋을까요?

전학을 계획하고 그 시기를 고민하고 계시다면 학년 말 방학이나 겨울 방학을 추천합니다. 학년 말 방학은 모든 학생부 입력이 정리되고 마무리되는 시기로, 서류 이전에 어려움이 없습니다. 또한 학교마다 다를 수 있는 진도의 차이에서 오는 학습 공백과 심리적 낯설음도 방지할 수 있습니다. 하지만 이 경우 대부분 학년 말 방학 중이 아닌 3월 2일 개학날 한꺼번에 전입 처리가 이루어집니다. 따라서 새 학급에서 가장 마지막 번호를 배정받는 등 누가 봐도 '전학생'으로 새 학년을 시작하게 됩니다(이는 학급 및 학교 상황에 따라 다를 수 있습니다.).

학급에서 실시되는 대부분의 평가는 12월 중순이면 마무리되는 만큼 겨울방학에 전학을 하는 것도 좋은 선택입니다. 이 시기에 전학을 하게 되면 2월에 이루어지는 분반 작업에서 기존 재학생과 동일하게 처리되어 진급 후에 '전학생' 꼬리표를 달지 않을 수 있습니다. 그러나 2월 등교 중에 이루어지는 '일 년 돌아보기' 등의 활동 시 소외감을 느낄 수 있다는 단점이 있습니다. 아이의 성향과 학교의 상황을 잘 파악하여 전학 시기를 고려하는 것이 필요합니다.

학기 중에 전학을 가야 한다면?

갑작스런 이사나 육아 문제로 전학을 가야 하는 상황이 발생할 수 있습니다. 방법은 간단합니다. 전입신고 완료와 함께 학교를 배정해 주니 통지서를 들고 배정받은 학교 교무실로 가시면 됩니다. 보통 전입생의 학급 배정은 교무실의 교무실무사가 담당합니다. 이사 당일 짐정리로 인해 학교에 가기 힘들 경우 교무실로 전화하여 문의하시는 것도 방법입니다.

다니던 학교에서 해야 할 일은 아이가 친구들과 선생님에게 할 작별 인사입니다. 아이가 이전 학교와 담임선생님에 대한 좋은 추억을 남길 수 있도록 아름다운 작별 인사를 함께 준비해 주시면 더욱 좋습니다.

교과서는 다 버려도 되나요?

교과서는 교육부에서 일괄적으로 배부하기 때문에 모든 공립학교가 동일한 교재로 수업을 합니다. 담임선생님에 따라 별도의 자료를 제작하여 주교재로 사용하기도 하지만 대부분은 같은 교과서를 씁니다. 하지만 검인정 교과서를 사용하는 경우에는 학교마다 사용하는 교과서가 다릅니다. 따라서 전입교에서 사용하는 교과서를 확인한 뒤에 버릴지 말지를 결정해야 합니다.

겨울 방학이나 학년 말 방학 시에 전학을 하게 되는 경우에도 학교마다 다음 학년도 교과서 배부일이 달라 혼란이 있을 수 있습니다. 예를 들어 전출교에서는 교과서가 배부되지 않았는데 전입교에서는 배부가 완료되어 개학 첫날 우리 아이만 교과서가 없는 상황이 발생할 수 있습니다. 담임선생님께 말씀드려 여분의 교과서를 부탁드릴 수 있지만 무상 배부되는 교과서는 여유분 없이 학생 수에 딱 맞춰서 오기 때문에 여분의 교과서가 없으면 시중에서 직접 구매하여 수업에 참여해야 합니다.

전학 가는 학교를 모르게 할 수 있나요?

일반적으로 나이스 시스템상에서 전학 가는 학교가 조회됩니다. 그러나 가정환경의 급격한 변화 등 알리고 싶지 않은 이유가 있다면 담임선생님께 말씀드려 전학 가는 학교가 조회되지 않도록 해달라고 요청할 수 있습니다.

코로나19,
이것만은 알아두세요

온라인 수업 바로알기

코로나19로 인해 아이들의 생활에도 많은 변화가 생겼습니다. 온라인을 활용한 교육은 예견된 일이었지만 예상보다 훨씬 빨리 그 시기가 앞당겨졌습니다. 이제 막 초등학교에 입학한 1학년 아이들에게는 학교에 적응하고 수업을 하고 친구들을 사귀는 데 어려움이 생겼습니다. 코로나19로 인해 많은 변화가 생긴 초등학교 1학년 생활에 대해 미리 알고 있으면 많은 도움이 됩니다. 특히 초등 저학년의 경우에는 학교마다 상이한 부분이 많다는 점을 전제로 참고해 주시기를 바랍니다.

지금부터 나오는 내용은 학교에서 일방적으로 정하는 것이 아니라 정부(교육부)의 발표 내용에 따라 학교에서 학부모님께 설문 조사를 거쳐 학교마다 적합한 방식으로 정하게 됩니다. 먼저 수업 형태를 설명드리겠습니다.

일반적으로 온라인 수업에는 크게 3가지 형태가 있습니다. 첫째, 실시간 쌍방향 원격 수업으로, 학교에 따라 줌zoom이나 웹엑스webex 등을 활용합니다. 같은 학교라도 학부모 설문 조사 결과에 따라 저학년은 고학년에 비해 쌍방향 원격 수업 시간을 적게 배정하고 등교 수업을 많이 배정하기도 합니다.

둘째, 콘텐츠 제시형 수업입니다. 담임선생님과 다른 반의 1학년 선생님들이 직접 만든 영상이나 유튜브 영상을 활용하여 플랫폼에 콘텐츠를 제시하고 이를 학습하는 유형입니다. 플랫폼은 학교에 따라 e-학습터나 위두랑, 구글 드라이브 등을 활용합니다. 플랫폼에서 학습을 하고, 학습에 대한 질문과 답변도 이루어집니다.

셋째, 과제 제시형 수업입니다. 플랫폼에 과제를 제시하고 그 과제를 하도록 하는 것입니다. 과제 제시형 수업은 실시간 쌍방향 수업이나 콘텐츠 제시형 수업과 함께 이루어지는 경우가 많습니다.

한 유형의 수업 방식을 이용할 수도 있지단 두 가지를 함께 활용하는 경우도 많습니다. 1학년의 경우 기본적으로 EBS 교육방송 시청을 바탕으로 여러 가지 수업 유형이 덧붙여집니다. 예를 들어 1,2교시에는 EBS 방송을 시청하고, 3교시에는 줌을 활용한 실시간 쌍방향 원격 수업을 한 다음 4,5교시에는 선생님들이 직접 만든 수업 영상을 시청하는 식입니다.

게다가 교실에서 수업할 때는 잘 앉아 있어도 가정에서 40분 동안 앉아 있는 것은 힘들어하는 아이도 많습니다. 실시간 쌍방향 수업을 할 때 보면 처음에는 책상 앞에 앉아 있었는데 나중에 보면 침대에 누워 있는 아이도 있습니다. 윗옷만 갖춰 입은 것을 깜빡하고 의자에서 일어나다가 잠옷이나 속옷 차림이 화면에 보이는 실수를 하기도 하지요. 따라서 온라인 수업을 할 때는 학부모님의 도움이 필요합니다. 부모님께서 아이에게 몸가짐과 마음가짐에 대해 강조해 주시길 부탁드립니다. 아울러 아이가 해당 수업을 위한 컴퓨터의 기본 기능을 연습할 수 있도록 해주시면 아이의 학습에 큰 도움이 됩니다.

출결 관리는 어떻게 이뤄지나

수업이 온라인으로 진행되다 보니 출결 관리는 어떻게 이루어지는지 궁금하실 것입니다. 담임선생님은 실시간 쌍방향 원격 수업을 하면서 출석을 체크하기도 하고, 플랫폼을 활용하여 아이들이 댓글을 달거나 과제를 제출하도록 하는 방식으로 체크하기도 합니다.

학교에 등교해야 하는 날이지만 등교하지 않고 가정에서 학습을 하는 것도 서류를 미리 제출하면 출석으로 인정됩니다. 가족과 함께 체험 학습을 하는 경우에도 마찬가지입니다. 다만 이때는 일주일 전에 체험 학습 신청서를 제출해야 합니다. 코로나19 상황에서는 갑자기 확진자가 늘어나거나 사회적 거리두기 단계가 상향되면 당일 아침에 가정 학습을 신청해도 인정하는 등 유동적으로 운영되고 있습니다. 상황이 엄중한 만큼 가급적 가족 여행을 자제하고 가정에서 안전하게 시간을 보내기를 추천 드립니다.

등교 수업, 그리고 건강상태 자가진단

등교일 또한 지역별로 상이합니다. 교육부 발표에 따라 등교 인원이 결정되기 때문에 학생 수가 많은 학교와 적은 학교, 현재 확진자가 많이 발생하고 있는 지역과 그렇지 않은 지역 등 상황에 따라 다릅니다.

등교일이 아닐 때도 그렇지만 등교일에는 특히 교육부에서 만든 건강상태 자가진단 앱에 접속하여 체크한 뒤에 등교해야 합니다. 건강상태 자가진단은 코로나19 감염 예방을 위해 학생의 건강상태를 확인하는 것으로, 1분이 채 걸리지 않을 만큼 간단하지만 바쁜 아침에 매일 체크하기가 쉽지만은 않습니다. 하지만 선생님은 매일 우리 반 설문 현황을 확인해야 합니다. 특히 설문을 완료하지 않은 학생이 있을 경우 담임선생님은 해당 아이의 부모님께 따로 연락을 해야 하는 번거

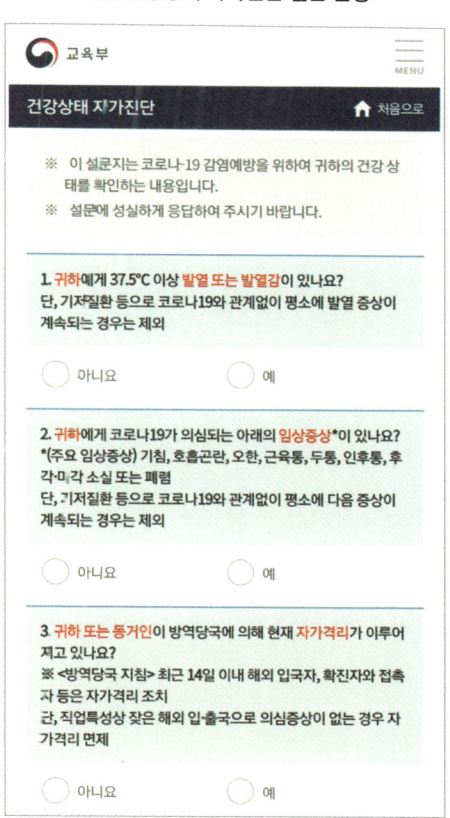

· 학생 건강상태 자가진단 설문 문항 ·

로움이 생깁니다. 보건실에서 매일 인원 보고를 하니 가정에서는 휴대전화에 자가진단 알람을 해놓고 매일 아침 아이가 등교하기 전에 완료해 주실 것을 부탁드립니다.

교실에서는 아이들의 안전과 건강을 위해 거리 두기를 유지하며, 마스크를 낀 상태로 수업을 진행합니다. 평소처럼 쉬는 시간이 운영되지 않기 때문에 등교 수업을 한다고 해도 예전처럼 아이들이 서로 활발하게 교류하기는 힘듭니다. 그렇지만 친구들을 만날 수 있는 등교일을 고대하는 아이들이 많습니다. 점심 급식이나 우유 급식은 선택할 수 있습니다. (우유 급식을 전면 금지하는 학교도 있습니다.) 일반적으로 수업이 끝난 뒤 점심을 신청하지 않은 아이들은 먼저 하교시키고, 급식을 신청한 아이들만 점심을 먹습니다.

온라인으로 놓치기 쉬운 우리 아이 학습 챙기기

코로나19 상황이 지속되면서 상위권은 자기 주도 학습 시간이 늘어나 학습 효율이 오르는 반면 중위권이 없어지면서 하위권이 늘어났다고 합니다. 실제로도 아이들의 기초 학력 격차가 커졌습니다. 초등학교 1학년의 경우에는 한글 격차가 커질 수 있습니다. 이때 생긴 격차가 학년이 올라가면서 학습 부진으로 이어질 수 있으니 우리 아이가 한글이 약하다면 신경 써주셔야 합니다. 또한 가정에서 수행해 와야 하는 학습지는 부모님께서 반드시 확인해 주셔야 합니다. 수학 진도를 나가고 그에 해당하는 수학 익힘책을 풀어오라고 했다면 아이가 수학 익힘책을 제대로 풀었는지 확인해 주십시오. 아이가 온라인 수업에 제대로 참여하지 않으면 등교 수업에서도 내용을 잘 이해하지 못해 학습에 대한 흥미가 떨어질 수 있습니다.

 그리고 학교에 가지 못하는 시간은 최대한 독서 시간으로 활용하기를 추천합니다. 언제든 등교 수업이 가능할 수 있는 만큼 규칙적인 생활을 할 수 있도록 관리해 주시는 것도 잊지 마십시오. 아이와 함께 시간표를 만들어 그에 따라 움직여 보는 것도 방법입니다.

**첫아이가
초등학교에 갑니다**

초판 1쇄	발행일	2020년 12월 21일
초판 3쇄	발행일	2021년 2월 20일

지은이	전예름 · 권정아 · 최선미 · 김예람
펴낸이	유성권

편집장	양선우				
책임편집	윤경선		편집	신혜진 백주영	
해외저작권	정지현		홍보	최예름 정가량	디자인 박정실
마케팅	김선우 김민석 최성환 박혜민 김민지				
제작	장재균		물류	김성훈 고창규	

펴낸곳	㈜이퍼블릭
출판등록	1970년 7월 28일, 제1-170호
주소	서울시 양천구 목동서로 211 범문빌딩 (07995)
대표전화	02-2653-5131 | 팩스 02-2653-2455
메일	loginbook@epublic.co.kr
포스트	post.naver.com/epubliclogin
홈페이지	www.loginbook.com

- 이 책은 저작권법으로 보호받는 저작물이므로 무단 전재와 복제를 금지하며, 이 책 내용의 전부 또는 일부를 이용하려면 반드시 저작권자와 ㈜이퍼블릭의 서면 동의를 받아야 합니다.
- 잘못된 책은 구입처에서 교환해 드립니다.
- 책값과 ISBN은 뒤표지에 있습니다.

로그인 은 ㈜이퍼블릭의 어학·자녀교육·실용 브랜드입니다.

이 도서의 국립중앙도서관 출판예정도서목록(CIP)은 서지정보유통지원시스템 홈페이지(http://seoji.nl.go.kr)와 국가자료공동목록시스템(http://www.nl.go.kr/kolisnet)에서 이용하실 수 있습니다. (CIP제어번호: CIP2020051064)